온고지신(溫故知新)

부동산이야기

"2013년은 결단의 해"

온고지신(溫故知新)

부동산이야기

"2013년은 결단의 해"

달과소

책을 내면서

주택문제는 갈수록 태산인가? 2013년 벽두부터 주택시장은 한 치 앞을 점치기 어려울 정도로 안개가 짙게 낀 형국이다.

그러나 해외요인이 아니면 더 나올 악재가 없는 것 같기도 하다. 주택시장의 비정상이 전국적인 현상이 아닌데다 전세가격의 비율도 계속 높아져 집값 하락을 떠받칠 분위기도 무르익었다는 바닥론이 없는 것도 아니다. 이것은 외환위기 직후의 주택시장과 비교할 때 커다란 차이점이기도 하다.

1999년 외환위기로 급강하한 내수경기를 되살리기 위한 방안의 하나로 정부는 부동산경기특별부양법 제정까지 검토한 적이 있다. 곧이어 대책으로 내놓은 카드는 두 가지였다.

하나는 30만 명의 고용창출을 겨냥한 벤처기업 3만 개 육성, 또 하나는 산업에의 전후방효과가 큰 주택건설로 20만 개의 일자리를 확보한다는 전략이었다. 주택부문은 이를 위해 공급량을 당초 잡았던 연간 계획물량에 10만 가구를 더한 50만 가구로 늘려 잡았다. 그리고 주택수급 쌍방에 얽혀 있던 각종 규제를 아낌없이 풀어나갔다.

새 정부가 당면한 복지·고용공약 이행도 일자리 만들기가 성패를 좌우하는 만큼 주택경기 회복에 거는 기대 역시 어느 때보다도 클 것이다.

그러나 급히 먹는 밥에 체한다고 서두르는 것은 자칫 더 큰 부작용을 불러올 수도 있다. 노출된 결과를 놓고 하나씩 만지작거리기보다 근본적인 방안이 절실한 때이다. 꼬리에서 문제를 풀기보다는 머리에서 해결의 실마리를 찾는 것이 효과적이기 때문이다.

주택문제를 더 이상 방치했다간 경제가 견디기 힘들 정도로 후폭풍이 커질 수 있기에 과감한 결단이 절실한 시기임에 틀림없다.

이 책은 부동산투자 입문서가 아니다. 주택을 둘러싼 제도나 현상 등을 정리하고 그에 따른 대안을 제시함으로써 독자들의 이해를 돕고자 한다. 여러 분야의 흐름을 좇다보면 앞으로 우리가 가야 할 방향이 어느 정도 그려진다.

매일경제신문사에서 부동산팀장으로 있는 동안 50회에 걸쳐 연재했던 '부동산 이야기'에서 힌트를 얻어 그간의 부동산 흐름을 조명해보고, 여러 사례들을 유형별로 끄집어내 정리하여 보았다.

미흡한 점이 한두 가지가 아니지만 나라나 개인이나 더 이상 부동산이 고통의 산물이 돼서는 안 된다는 바람으로 펜을 들었다.

2013년 2월
매일경제동우회 사무실에서 장지웅

일러두기

- 정부 부처 · 법인 · 단체명이나 행정구역 명칭은 당시의 이름을 사용
- 지가변동률, 주택인허가, 미분양주택 등의 통계는
  국토교통부(옛 건설부, 건설교통부, 국토해양부) 자료를 인용
- 주택매매가격 및 전세금변동률은 합병 이전에는 주택은행,
  2001년 11월 이후는 국민은행의 전국주택가격동향조사를 인용
- 대책, 조치, 방안 등의 앞숫자는 월 · 일을 나타냄
- 면적환산공식 1㎡=0.3025평 1평=3.3058㎡

인구밀도 세계1위

사람이 몰리는 곳일수록 땅값이 비싸다. 인구밀도가 땅값을 좌우하는 최대의 변수가 된 것이다. 인구밀도는 크게 보면 토지, 주택 등 부동산 문제의 정도를 나타내는 지표이기도 하다.

우리나라의 인구밀도는 방글라데시, 타이완에 이어 세계 3위로 메달권에 든 지 오래됐다. 국토면적 10만㎢, 인구 5,000만 명을 넘어 인구밀도가 무려 500명에 달하고 있다.

그러나 이는 산 사람을 기준할 때의 숫자에 불과하다. 세상을 떠난 사람의 집인 묘지도 우리나라에는 자그마치 2,100만 기 이상 있는 것으로 집계되고 있다. 묘지로 잠식된 땅만 해도 998㎢나 돼 국토의 1% 가까이 점하고 있는 실정이다.

산 사람과 죽은 사람이 함께 쓰고 있는 땅으로 계산하면 인구밀도는 710명을 뛰어 넘는다. 여기에 투기요소를 가미한다면 세계 1위로 잡아도 손색이 없다.

인구의 고령화가 가속화됨에 따라 앞으로 40년간 사망자는 1,900만 명에 달할 것이라는 예측이 있다. 그런데 이 숫자는 과거 40년의 2배나 되는 규모이다. 화장률이 꾸준히 올라 2011년 71.1%를 넘어섰지만 사망자의 급증은 묘지로 흡수되는 땅도 증가폭은 적지만 늘어날 수밖에 없다는 답을 준다. 이와 함께 사망에 따른 각종 비용도 크게 불어나 장례문화의 전반적인 재검토까지 불가피한 상황이다.

인구밀도는 인구와 토지의 문제로 대별된다. 우리나라의 인구는 두 차례에 걸쳐 5,000만 명을 돌파했다. 주민등록 기준으로 2010년 9월에, 인구총조사를 바탕으로 한 인구추계로는 2012년 6월에 각각 5,000만 명째 주인공이 축하를 받았다.

그러나 인구는 2030년을 정점으로 2045년 5,000만 명을 계속 확보하면서 고령화 수준을 30%미만으로 낮추려면 출산율을 2045년까지 2.1명으로 유지해야 하는데 실제 출산율과는 거리가 멀다. 저출산대책에 우선순위를 두되 외국인 이민을 적극 받아들여야 한다는 주장까지 나오고 있다.

인구는 이제 경제대국으로 가는 필요조건이다. 빠르게 늘어나는 고령인구를 떠받칠 젊은 연령층이 빈약해지면 인구재앙으로 인한

국가운명의 쇠퇴로도 이어지기 때문에 인구증가정책은 갈수록 적극적일 수밖에 없을 것이다.

인구가 5,000만 명을 넘지도 못하고 감소한다는 예측들이 빗나간 것도 저출산 고령화의 폐해를 막기 위한 정책들이 진전을 보고 있기 때문으로 풀이할 수 있다.

인구는 증감문제 이외에도 인구구조나 사회변화의 문제를 안고 있다. 청년실업, 만혼, 이혼 등으로 인한 1인 가구의 증가, 베이비붐 세대의 은퇴, 기러기 가족 등 신종 이산가족의 증가, 경제활동에서 중추역할을 하는 25~49세 핵심생산인구의 감소 등이 그것이다.

높은 인구밀도는 다른 여건이 비슷하다면 우리나라의 땅값이 가장 비쌀 수밖에 없다는 확률과도 같다. 따라서 주택의 크기가 작고 높으면서도 값이 비쌀 수밖에 없다는 것은, 좁은 땅에 많은 인구가 그려내는 숙명적인 그림이다. 서울지역 아파트 분양가격에서 차지하는 땅값의 비율은 80%를 넘어설 정도로 높아졌다.

또 높은 인구밀도는 부동산 투기의 가능성을 짙게 해주는 지표이기도 하다. 한때 제정된 토지공개념법이 입증하듯 우리나라처럼 투기와 전면전을 치열하게 그리고 많이 치른 나라가 또 있을까.

땅값은 외환위기 직후인 1999년 이후 지금까지 2008년을 빼곤 내린 적이 없다.

가계자산의 70%가 부동산에 묶여 있는 현실은 경기의 부침에 따라 부동산이 경제전반에 미칠수 있는 영향력이 어느 정도인지를 대신 말해준다.

인구를 늘리는 데 높은 토지가격은 제1의 훼방꾼이다. 반면에 인구증가는 토지문제를 악화시키는 요인이기도 하다.

결국 인구문제는 땅으로 풀 수밖에 없다는 결론이 도출된다.

지하개발은
제2의 땅 만들기

2

지상(地上)과 지하(地下)처럼 대칭되는 말이면서도 심한 차별대우를 받는 사례도 드물 것이다.

지하는 지상보다 많이 쓰이는 단어이지만 바람직스럽지 못한 쪽의 대명사로 굳어진 지 오래다.

토지의 활용도를 높일 수 있는 지하개발에 관심이 덜 가는 이유 중에는 이 같은 지하라는 말이 풍기는 선입관을 우선 빼놓을 수 없을 것 같다.

토지이용을 극대화할 수 있는 공식은 토지가공물의 형태를 보다 높게, 또는 보다 깊게를 택하는 길이다. 이 두 가지를 병행한다면 금상첨화가 따로 없을 것이다. 그러나 현실은 보다 깊게보다는 보다 높은 쪽을 선호하고 있다.

나라의 발전상을 이야기할 때면 으레 도시지역에 우뚝 솟은 초고층 복합빌딩군이나 고층아파트 단지 등이 그림자처럼 따라붙는다. 토지이용의 표본적인 산물로도 곧잘 소개된다.

그러나 지상주의 개발은 이용보다는 소유의 측면이 강한 방식이다. 땅값이 오르면서 용적률이나 고도 완화로 이어지고, 이는 곧 더 높은 건물을 경쟁적으로 출현시키는 자극제가 되고 있다.

그동안 토지활용은 도로망을 따라 파급되는 수평식 개발에 국한되다시피 해 지하를 이용하는 제2의 공간 개발에는 거의 영향을 미치지 못했다.

강화되는 주차장 의무화 등으로 땅값이 비싼 지상을 지하로 대체하는 경우가 고작이었다.

지하공간 개발의 신호탄이 된 지하철은 사람들에게 지하를 새롭게 인식하는 계기를 만들어주었다. 1974년 8월 서울역과 청량리 간 9.54㎞의 1호선 개통으로 시작된 지하철 역사는 이제 40년을 바라보고 있다.

1990년대 초는 지하를 미래의 공간으로 활용하자는 분위기가 팽배했던 시기로 꼽힌다.

이때 단순한 주차장 터널 차원에서 벗어나 지하광장 개발, 독립된 대형 지하주차장, 연구소를 포함한 지하공장건설 등에서 크게는 지하도시에 이르기까지 땅 밑을 새롭게 보는 시도가 여기저기서 나타났다.

선두주자로 부상한 것은 지하도로였다. 서울시는 1991년 서울 지역 도심을 통과하는 60㎞의 지하도로를 1999년까지 건설하겠다는 구상을 내놓았다. 서울지역의 자동차가 2000년에는 400만 대에 달해 도로가 주차장화 될 것이라며 해결책으로 지하도로를 들고 나온 것이다. 지하도로는 편도 3차선, 설계속도 60㎞에 1㎞ 전후로 환기구를 설치하고 교통량의 11%를 흡수한다는 게 지하도로의 청사진이었다.

1991년 하반기에는 서울시가 지하개발추진을 위한 지하공간이용 종합계획안을 수립했다. 인천에서는 도시철도 1호선 건설을 위한 공청회가 열렸고 연말에는 대구에 지하철 1호선이 착공됐다.

서울 종묘 광장에는 1,000대 이상의 수용 능력을 가진 지하주차장이 문을 열어 민간자본 유치에 의한 독립된 지하 주차장 1호를 기록했다.

1992년 들어서는 당시 건설부가 지하 공간 개발 관련법 제정 추진 계획을 발표했으며 도시국장을 반장으로 하는 지하개발연구작업반을 발족시키기도 했다. 서울시는 지하도로 4개 노선 중 1개를 먼저 착공하며 공원 200곳에 민자 유치 지하주차장을 1999년까지 건설한다는 계획도 세웠다.

교통부가 터널 173㎞를 합쳐 411㎞의 경부고속전철 노선을 발표한 것도 이때의 일이다.

이해의 두드러진 특징으로는 서울시의 여의도광장 지하개발계획이 꼽힌다. 이 계획은 길이 1,350m 너비 280m에 총 면적 11만 4,000평에 이르는 여의도광장을 지상의 다목적 녹지공간 조성과 함께 복합기능을 가진 첨단 공간으로 바꾼다는 구상이었다. 광장 부문을 3개 구역으로 나누어 민족문화공원, 시민광장, 지구촌공원으로 개발주제를 설정해 이에 적합한 각종 시설 조경 등을 하며 지하는 1층에 쇼핑몰을 이용한 문화 공공 전시 등의 시설을 유치한다는 계획이었다. 또 지하 2층에는 스포츠·레저·편의시설을 두고 지하 3~4층은 주차지원 시설과 지하철 연계 공간으로 활용하는 것으로 돼 있었다. 1조 7,000억 원에 달하는 개발 자금을 조달하기 위한 방안으로 민간자본 유치에 기대를 걸었으며 여의도의 기능 특화로 서울을 미래의 중심도시로 육성케 한다는 장기계획을 갖고 있었다.

당시 건설부가 지하공간개발촉진법을 제정키로 한 배경에는 토지의 효율적인 이용을 위해 지하공간 개발의 중요성이 높아지고 있으나 제도적 장치가 없어 체계적인 개발이 어려웠기 때문이었다. 산발적인 지하개발을 막기 위해 지방자치단체가 도시계획위원회의 심의를 거쳐 지하개발의 청사진을 제시하는 지하공간개발 종합계획을 수립해 정부의 승인을 받은 뒤 이 계획에 의해 체계적으로 개발토록 한다는 것이 법 제정의 취지였다. 또 국공유지의 지하를 개발할 경우 점용료를 면제하고 지하개발 기술비의 지원, 세금

감면 등을 통해 민간의 지하개발 참여를 유도해 나간다는 방침이었다.

이러한 법 제정 움직임과 때를 같이해 지방자치단체의 잇따른 개발계획 발표가 이어졌으며 대한토목학회, 한국지반공학회, 대한터널협회, 국토연구원 등 관련 단체들이 주최하는 공청회, 심포지엄, 간담회, 정책토론회, 국제세미나 등이 붐을 맞기도 했다.

건설업체를 주축으로 한 한국지하공간협회도 1992년 10월 창립됐다. 이 협회는 창립 1개월 만에 지하공간 개발의 방향과 활용 구상을 주제로 미국, 일본 전문가를 초청한 국제세미나를 개최하는 등 발빠른 움직임을 보였다.

이 첫 세미나에서는 21세기를 내다본 획기적인 아이디어들이 처음으로 소개됐다. 예를 들면 삼성물산 건설부문의 전신인 삼성종합건설은 서울역에서 남대문을 거쳐 시청에 이르는 길이 1.6㎞의 도로를 지하 120m까지 개발해 지하에 연면적 75만 평 규모의 도심복합 지하공간을 10년 동안 조성한다는 구상을 발표했다.

또 SK건설의 전신인 선경건설은 도시산악지하공간개발구상이란 제목으로 아차산 일부의 지하를 개발해 다목적복합지하단지를 조성하고 호텔 환경을 국제화하는 계획을 선보였다.

세미나에서는 서울 남산 지하에 지오토피아를 건설하자는 발표도 나와 눈길을 끌었다. 이는 도심에 위치한 남산의 해발 100~150m에 연면적 40만 평의 지하공간을 조성해 이곳에 근린·

1990년대 초는 지하개발의 열기가 가장 높았던 시기로 기술개발 등에 관한 심포지엄, 세미나, 토론회 등의 행사가 붐을 이뤘다.

공공·스포츠·레저시설과 주차장, 연구소, 도서관을 유치한다는 것이다.

이밖에도 우면산 지하스키장 등이 소개돼 제2의 땅을 만드는 지하개발의 상상을 자극하기에 충분했다. 전단면굴착기(TBM) 보유 대수가 곧 지하개발 기술의 척도인 양 과시하는 곳도 없지 않았다.

우리나라에 널리 분포된 암반층을 들어 지하개발은 지하공간 확보 이외 석재의 양산이란 부가가치를 내세워 일석이조 이상의 수확을 거둘 수 있는 사업이라고 장담하는 지하론자도 적지 않았다.

시들어버린 열기

그러나 건설업체 등이 잔뜩 기대를 걸었던 여의도광장 지하개발을 비롯해 지방자치단체들이 내놓았던 각종 개발계획은 시들어 갔다. 지하관련법 제정도 흐지부지됐다.

14대 대선의 해를 전후하여 짧은 기간 동안 지펴졌던 지하개발의 불씨는 대선이 지나자 사그라지고 말았다.

이는 계획에 따르지 못하는 투자재원 확보, 투자우선순위, 환경·지하개발 기술 수준과 부동산 경기 침체, 관련법 제정 표류 등 여러 변수가 복합적으로 작용했기 때문으로 보인다.

외국을 여행한 사람들 중에는 지하 활용에 감명을 받았다는 사람들도 많다. 오래 전부터 대표적인 사례로 꼽힌 몇 가지를 들어보면 캐나다 몬트리올의 경우 지하통행로를 통해 공공기관 쇼핑센터, 전철역, 학교 등이 모두 연결돼 지하 활용을 극대화한 도시라고 소개한다. 특히 겨울이 긴 지역에서 지하이용도를 높이는 것은 폭설, 결빙, 안개 등으로 일어나기 쉬운 교통사고 등을 크게 줄이는 효과가 있다고 한다. 노르웨이의 조빅 아이스하키장이나 지상에 철도역과 쇼핑센터, 지하에 스포츠시설과 수영장을 둔 오슬로 홀리아스포츠시설, 노출된 암반을 그대로 살려 집음·공명효과가 뛰어나다는 핀란드의 레트렛티콘서트홀 등은 지하개발에 관심 있는 사람들 사이에 자주 거론돼 왔던 작품들이다.

선진국의 지하공간 활용 사례는 군사시설 이외에도 공장 창고에서부터 발전소, 폐기물처리장, 원유저장소, 유수지 등에 이르기까지 다양하다.

2009년에도 서울 지하도로망 구축계획이 발표됐다. 이 도로는 지하 40~60m에 동서·남북으로 3개축씩 모두 149km를 2017년부터 건설하는 것으로 돼 있었다.

우리의 경우 서울 삼성동의 코엑스몰이 지하공간의 개발방향에 지표가 되는 건축물로 꼽히고 있다. 코엑스몰은 3만 6,000평의 지하쇼핑공간으로 백화점, 호텔, 전시장, 공항터미널, 오피스빌딩 등이 지하철 삼성역과 연계되어 지하공간 개발효과를 홍보하는 역할을 수행하기도 한다.

특히 지하철은 지하공간 개발의 필요성을 널리 인식케 한 시설로 꼽아도 전혀 손색이 없을 것이다. 장기계획 아래 노선 증설을 추진해 노선이 교차할 곳에 미리 환승역을 설계했다면 환승거리 단축이나 시설 등에서 보다 효과적이었을 것이라는 아쉬움이 남는다. 이는 증축이 쉬운 지상개발과 사실상 증축이 불가능한 지하개발은 차원이 다르다는 교훈을 모두에게 주고 있다. 지하개발은 장기적인 안목과 세심한 배려가 뒤따라야 한다는 말이다.

지상 부문을 포함한 지하 입체개발은 대량 교통수단인 지하철의 힘을 빌려 환승역 또는 역과 역 사이를 아우르는 광범위한 구상까지 다양하게 전개될 전망이다.

지상의 높은 땅값을 낮추기 위해서도 지하에 제2의 땅을 확보하려는 국토 확장의 노력은 늦은 감이 없지 않다.

제도와 기술은 서로 영향을 주고받으며 발전하게 마련이다.

1990년대 초에 일었던 지하공간 개발열기가 식어버린 것은 그만큼 시간을 낭비한 셈이 된다.

토지의 효율적 이용에 지상 지하의 차별은 무의미하다. 비싸고 좁은 땅을 값싸고 넓게 쓸 수 있는 지혜를 지하에서 배워야 할 때이다. 개발의 기술에 따라서는 지하의 땅값이 지상을 앞지를 수도 있을 것 같다.

10년
부동산주기설의 내막

3

부동산 경기에 주기가 있을까? 주기를 알 수 있다면 호황, 불황에 대한 진단과 처방을 하는데 적지 않은 도움을 받을 것 같다.

주기설이 인정받으려면 일정한 기간마다 반복해서 나타내는 공약수가 있어야 한다. 가격변동이나 수급량 등에서 어떤 공통점이 있는가를 살펴보자.

국토교통부의 전신인 건설부가 공식 조사하기 시작한 1975년 이후의 지가변동률을 보면 1980년까지 두 자릿수의 상승률을 나타냈다. 6년간의 고공행진 정점에는 무려 49%의 상승률을 기록한 1978년이 있다. 다음의 두 자릿수 행진은 1987년부터 5년간 이어졌다. 이 시기에는 32% 오른 1989년의 상승률이 가장 높았다.

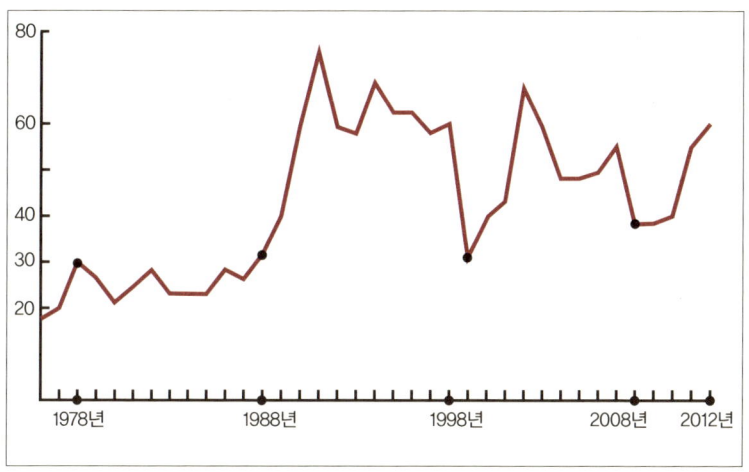

연도별주택인허가 실적

(단위=만가구)

1989년은 수도권 1기 신도시의 아파트분양이 첫선을 보인 해이자 소위 토지공개념 3개법이 제정된 때로 유명하다. 그 후에는 10%를 넘는 상승률이 사라지고 2002년의 8.98%가 가장 높았다. 땅값 상승률에서는 공약수가 될 만한 주기를 찾을 수 없다.

　반대의 경우를 보자. 3개 토지공개념법의 시행으로 땅값은 1992년부터 3년간 내렸다. 1993년에는 마이너스 7.38%로 하락 폭이 가장 컸다. 다음이 외환위기 2년째인 1998년으로 지가변동률 조사기간 중 최대 하락기록인 마이너스 13.6%를 보였다. 이어 2008년의 마이너스 0.31로 나타났다. 하락률 역시 주기가 될 만한 공약수를 발견할 수 없다.

그러면 주택경기에 가장 민감한 지표인 주택가격은 어떨까? 주택가격은 국민은행에 합병된 주택은행이 1985년부터 조사한 도시주택가격동향조사(2003년 9월 전국주택가격동향조사로 명칭 변경)를 볼 때 1988년부터 3년간은 두 자릿수로 올랐다. 이 가운데 부동산 기록의 해인 1990년에는 21.7%로 유일하게 20%를 넘어섰다. 이어 2002년 16.34%, 2006년 11.6%로 높았다.

반 년간 40%나 뛴 아파트 분양가격을 감안해 볼 때, 1978년까지 소급하여 집값이 많이 오른 시기를 짚어 본다면 1990년, 2002년으로 주기는 12년이다. 2006년을 무시하고 3번째 12년 주기가 맞으려면 2014년에 집값이 많이 올라야 한다. 주택가격 상승률로 본 주기설도 낙제점이다.

8자로 끝나는 해에 30만 가구 징크스

그러면 주택경기와 연관성이 높은 주택신축인허가량은 어떨까? 주택인허가량의 흐름을 볼 때 연간 30만 가구가 처음으로 돌파된 해는 1978년이다. 다음의 꼭짓점은 1990년으로 75만 가구였다. 이어 1993년의 69만 5,000가구, 2002년의 66만 7,000가구, 2007년 55만 6,000가구가 각각 많은 편에 속한다. 여기서도 마땅한 주기를 찾을 수 없다.

다시 주택공급의 기준이 되는 주택인허가 숫자로 돌아간다면

1978년에 처음 실현된 연간실적 30만 가구는 10년이 지난 1988년에 탈환된다. 이때는 주택건설 200만 가구 5개년계획의 출발점으로 주택공급 확대와 주택경기의 과열·냉각을 놓고 정책갈등이 심했던 시기였다.

또 10년 뒤 외환위기 2년째인 1998년에는 30만 가구에서 간신히 턱걸이했다. 2008년에 다시 40만 가구가 깨져 4번째 30만 가구대를 기록했다. 주택경기의 흐름으로 살펴보면 1978년과 1988년 2번째까지는 호황이 만든 30만 가구였다면 외환위기 2년째인 1998년과 글로벌 금융위기가 닥친 2008년은 불황이 빚어낸 결과였다.

주택인허가량 30만 가구는 4회에 걸쳐 확실히 10년 주기로 반복해 나타났다.

그러나 이명박 정부가 출범한 2008년에 위축된 주택공급량은 3년 연속 40만 가구를 밑도는 부진을 면치 못해 전월세난이란 어두운 그림자를 길게 드리웠다.

미분양 판촉교과서의 해 1976년

주택시장에서 미분양 적체가 얼마나 무서운가를 처음 보여준 해가 아마 1976년일 것 같다.

주택경기의 호조는 1972년 11만 가구에서 1976년 18만 가구까지 공급량을 끌어올렸다.

"아파트에 몇 개월만 살면 피부가 달라진 것을 느끼게 될 겁니다."라는 말을 견본주택에서 들을 수 있을 때였다. 주택경기의 태동기라 해도 손색이 없을 만큼 신규 진출업체가 줄을 이었다. 소위 집장사에서 주택업체로의 변신도 본격화되고 있었다.

이해에는 택지개발지구의 전신인 아파트지구가 대량 주택공급 기지로 떠오르면서 대규모 또는 연속사업 등 공급 측의 물량공세가 가능해졌다. 신반포라는 지명을 낳은 신반포아파트 1차 730가구가 분양에 나선 것도 1976년의 일이었다.

분양제도에도 투명성을 높이기 위해 공개분양을 유도했다. 아파트 분양은 건축공정의 20% 이상 진행되었을 때 가능하도록 했고, 계약금 20%, 중도금 60%씩 나누어 받도록 했다. 면적도 전용면적과 공용면적을 구분해 표기하도록 했다.

1976년은 '영일만에서 석유발견'이란 박정희 대통령의 발표가 연두회견을 통해 나온 후, 주식시장이 개장 이래 최고의 폭등세를 보이는 등 연초부터 전국이 들썩였다. 포항 일대의 땅값이 치솟고 있다는 뉴스도 나왔다. 덩달아 주택시장도 달아올랐다. 아파트 당첨권에 웃돈이 붙고 인기 지역의 모델하우스 주변에는 떴다방이 들어섰다.

그러나 하반기 들어 주택경기에 냉기가 돌면서 초기의 분양 질서는 일그러지기 시작했다. 서울 인기 지역에서 주택사업을 벌이던 대형업체들도 미분양 털기에 사운을 걸어야 했다.

서울 동작동에서 삼호타운 연속사업을 벌이고 있던 삼호주택은 3차 312가구 가운데 49평형과 56평형의 미분양 해소를 위해 시중 은행에 최고 500만 원 한도의 2년제 정기적금에 가입하는 조건으로 적금담보에 의한 후불제를 처음 들고 나왔다. 이 금액은 49평형의 경우 분양가격의 30%를 넘는 당시로서는 큰 액수였다.

한양주택은 서울 원효로 4가에 짓고 있던 14~51평형 554가구의 산호아파트 중 팔리지 않은 31평형과 38평형을 처분키 위해 분양가격의 30%까지 24개월 후불제를 동원했다.

삼익주택은 50평형, 60평형, 70평형 192가구의 이촌동 반도아파트 가운데 남아 있던 1층과 최고층인 12층에 대해 아예 가구당 80만~120만 원씩 깎아 주는 할인판매를 실시했다. 당시 평당 가격이 32만 원임을 감안하면 할인 폭은 적지 않은 금액이었다.

주택공사도 9월에 잠실에서 소형·중형 2개 단지를 내놓았으나 당시 고밀도로 불리던 잠실5단지 3,930가구는 두 차례의 분양에서 신청자가 가구수의 10%에도 미달하는 부진을 면치 못했다. 10%의 낮은 건폐율, 약 70m의 동간 거리, 널찍한 발코니 등을 특징으로 내세운 잠실5단지는 중도금 4회를 2회로 낮추고 잔금 비중을 높이는 방식으로 분양대금 납부조건을 완화해 선착순 모집에 나섰지만 효과는 미미했다.

분양가격 할인, 입주 후 잔금 납부, 중도금 납부조건 완화 등의 각종 수법은 불황 타개 방안으로 등장해서 이때를 미분양판촉 교과서의 완성 시기로 보기도 한다. 최근에 등장한 입주 때의 분양가 보장제 등 극히 일부를 제외하곤 이미 이때 거의 동원된 셈이다.

1976년의 주택경기 불황은 주택업체의 체질을 강화하는 계기가 되기도 했지만 다음해의 첫 분양이 3월에 가서야 나올 정도로 골이 깊었다.

'시작이 99%', '무한제도 이론', '주택 부족률이 높으면 시장성이 없다' 등등의 경험담들이 부동산가에 나돌기 시작한 것도 이 무렵의 일이다. '시작이 반'이 아닌 99%라는 표현은 분양의 성패가 그만큼 주택사업에 주는 영향이 크다는 뜻으로, 미분양이 발생한 후의 재분양은 더욱더 어렵다는 주택사업의 특성을 말해 주고 있다.

무한궤도 이론은 여러 개의 주택사업 시기를 적절히 분산시키면, 마치 탱크에 비유해 바닥에 닿은 무한궤도 길이의 3분의 1 이하의 웅덩이 같은 불황이면 불황을 크게 느끼지 않고 지나갈 수 있다는 데서 경영 안정의 의미로 쓰였다.

주택 부족률은 주택사업의 시장성을 타진하는 지표가 되기도 한다. 그러나 이는 대도시에 한정되며 중소도시에서는 오히려 수요층이 얇아 시장성이 낮다는 호된 경험을 한 업체들이 적지 않았다.

교훈의 해 1990년

부동산 분야에서 가장 다사다난했던 해로는 1990년을 빼놓을 수 없다. 1년이란 짧은 기간 동안 많은 부동산 사건이 발생해 여러 가지 교훈을 주는 해로 꼽히기 때문이다.

정부가 근로자주거 안정의 해로 정한 1990년은 주택 200만 가구 건설계획 3년째, 수도권 5개 신도시 아파트분양 2년째에 접어들던 시기이다.

가장 좋은 성적을 기록한 것은 주택인허가량이었다. 전년의 46만 2,000가구에서 50만, 60만 단위를 껑충 뛰어넘은 75만 378가구를 실현해 5,000년 역사에 전무후무할 기록을 세운 것이다.

이러한 물량이 쏟아지게 된 배경에는 가격이 상승 일변도였던 주택시장의 움직임을 빼놓을 수 없다. 당시 주택은행이 집계한 도시주택가격동향조사를 보면 집값은 1986년 이후 유일하게 20%를 넘었으며 전세가격도 전국 평균이 4년째 두 자릿수 상승률을 나타냈다.

국제 원유가 상승으로 촉발된 물가상승, 잇따른 주택 방화사건, 무주택자의 자살 등 연초부터 불미스러운 일들로 얼룩져 있었고, 하루가 다르게 오르는 전세가격을 막기 위한 방안의 하나로 세무서마다 부당임대료 신고센터가 설치되는 것을 시작으로 1년 내내 부동산 대책이 끊이지 않았다.

대표적인 4·4 경제활성화종합대책에는 금융실명제의 무기한 유보와 함께 부동산 투기 상습자를 겨냥한 불이익 확대조치, 무주택자의 주택우선공급제 등이 동원됐다. 무주택 우선 공급제는 민간아파트 물량의 절반을 무주택자에게 할당하는 것으로 주택분양에서 청약자의 주택소유 여부를 가리는 장치가 필요했다. 이는 모든 주택청약예금 가입자를 대상으로 주택 유무를 조사한 후 재산세대장을 전산화해 대조하는 전국적인 규모의 방대한 작업이었다. 주택소유자에 대한 우선순위 박탈도 주택전산화가 안 된 마당에서는 불가항력일 수밖에 없는 것이다. 제도 하나가 서둘러 변경되면서 엄청난 사전작업을 불러 온 대표적인 사례로 지목되고 있다.

시간에 쫓기는 주택공급 확대를 위해 공사기간이 짧은 다세대주택의 건축기준 완화와 함께 다가구주택이 이때 등장한다. 건설부 장관이 전세파동 대책을 대통령에게 보고하는 자리에서 개인들의 여유자금을 끌어들이는 방안으로 다가구주택을 건의한 것이 이 주택의 탄생 배경이었다.

1990년에 첫선을 보인 영구임대주택, 주택임대 전문제도의 도입, 민간에 의한 첫 주택상환사채 발행 등도 주택사에 남는 기록이 됐다.

수도권 신도시의 최대 행사이듯 5개 신도시 모두가 참여하는 아파트 동시분양이 딱 한번 1990년에 실시됐는데 물량이 자그마치 2만 6,326가구에 달해 공급의 위력을 실감할 수 있었다.

5월에는 부동산 투기억제와 물가안정을 위한 특별보완대책이란 이름의 5·8대책이 나왔다. 이는 기업이 보유한 비업무용 토지와 건물을 6개월 안에 매각하고 임직원 등 3자 명의로 된 모든 부동산을 신고하는 내용이었다. 노태우 대통령은 담화를 통해 "부동산 투기를 통치권 차원에서 근절하겠다"고 밝히고 "기업활동보다 투기를 통해 이익을 챙기는 풍토를 고치겠다"고 다짐했다. 5·8대책에 따라 대기업에 대한 신규 은행대출이 사실상 중단돼 경제계는 자금확보에 비상이 걸리기도 했다.

10대그룹 회장단이 1,200만 평의 토지매각을 발표한데 이어 35개 그룹도 1,565만 평을 팔기로 매각 대열에 가세했다.

1990년은 5·8조치와 함께 토지공개념관련 3개법이 시행에 들어가 토지투기와의 전면전도 가장 치열했던 해로 꼽힌다. 땅값은 특히 대통령선거가 있었던 1987년, 두 자릿수 상승행진이 계속 이어지면서 4년 동안 무려 133%나 폭등했다. 이때의 기록적인 땅값 상승은 토지공개념 관련법 제정으로 여론을 몰아가는 기폭제를 만들었다.

신축허가 신기록은 역풍도 몰고 왔다. 건축자재, 인력 등의 수급 불균형을 초래한 나머지 건축제한조치까지 불러온 것이다. 신축허가제한조치는 사치성 건물에서 시작돼 사무실 빌딩, 오피스텔, 금융기관 등의 상업용 빌딩으로 확대됐다.

건축자재 중 시멘트는 세계적인 공급난에, 설상가상으로 9월의 수해까지 더해져 시멘트공장 세 곳이 가동중지되면서 큰 파동으로 이어졌다. 웃돈 거래에 세무조사가 실시되고 음성거래를 막기 위해 공장에서 시멘트를 직접 판매하는 기현상도 낳았다.

재건축에서도 기록이 나왔다. 서울 충정로 개명아파트가 첫 번째로 사업승인을 받아 본격적인 재건축 시대의 개막을 알렸다.

주택공급의 신기록은 신도시 아파트의 부실시공을 계기로 1991년에는 건축허가 지역할당제란 미증유의 조치를 야기시키기도 했다.

1990년은 주택문제가 기업에 전가되는, 유례를 찾아볼 수 없었던 후유증이 나타난 해로 기억되기도 한다. 연초부터 전세금 문제가 노사협상의 최대 쟁점으로 떠오르면서 기업의 발목을 잡은 것이다. 4월 들어 재계에서는 처음으로 삼성그룹이 1만 2,000가구 규모의 근로자주택 건립계획을 발표했다. 20평 내외의 주택을 매년 3,000가구씩, 3년간 공급하되 집값의 절반만 근로자가 부담하는 조건이었다.

삼성그룹을 시작으로 근로자주택건설계획 발표는 계속 이어져 139개 사가 7만 가구에 달하는 물량을 짓기로 했다.

주택정책의 실패가 근로자 주거문제를 기업이 떠안게 만들면서 기업의 경쟁력을 약화시켰다는 교훈을 1990년은 주고 있다.

주택임대차보호법에서 임대기간을 1년에서 2년으로 연장한 것 역시 전세시장에 기름을 끼얹은 실패작으로 지적되고 있다. 임대주택의 수급불균형을 공급확대로 풀기에 앞서 섣부르게 기간 연장이라는 악수를 두어 부작용을 키웠다는 지적 역시 1981년에 이은 1990년의 뼈아픈 교훈이 되고 있다.

1990년은 주택공급확대와 집값폭등이 동반되는 현상을 보이면서 건축자재난 등을 초래했지만 1991년 이후 주택시장이 안정추세로 돌아선 점을 감안할 때 최근 진행 중인 전월세 문제도 공급확대로 풀어야 한다는 해답을 던지고 있다.

2007년 신드롬

황금돼지의 해이자 제17대 대선의 해였던 2007년은 몇 가지 부동산지표만 보면 특징이 없는 한 해였다. 주택가격이 3.1%, 전세가격이 3.7% 올랐지만 1년 전과 비교하면 크게 낮은 수준이었다. 땅값도 3.88% 올라 역시 전년 수준을 밑돌았다.

그러나 주택시장 분위기는 연초부터 썰렁할 정도로 가라앉아 있었고, 전년의 11월 전후와 비하면 폭풍 뒤의 고요와 같았다.

노무현 대통령은 신년사에서 "부동산 문제는 정부의 시행착오가 있었으며 대책을 다시 보완하고 있다. 거듭 다짐하지만 반드시 잡겠다. 그리고 잡힐 것이다"고 강조했다. 또 "부동산 금융의 위기 요인을 놓치는 일이 없도록 철저히 관리하고 있다"면서 "1997년의 외환위기나 2002년의 신용불량자 문제와 같은 일은 다시 일어나지는 않을 것"이라고 말했다.

신년사에서 이처럼 강한 어조로 부동산 문제에 대해 언급한 것은 불과 2개월 전에 휩쓴 주택시장의 가격인상 파동이 배경에 깔려 있었다. 판교 신도시와 은평 뉴타운의 고분양가로부터 촉발된 기존 주택의 가격인상 쓰나미가 수도권을 덮쳤고 긴급진화를 위해 11·15부동산시장 안정화 방안이 서둘러 나왔다.

신년사에서의 다짐은 역대 정부에서 보기 드물게 1월 대책으로 현실화된다. 1·11부동산시장 안정을 위한 제도개편 방안이 바로 그것이다.

1·11조치에는 분양가상한제, 분양원가공개, 채권입찰제, 전매제한, 주택담보대출 등 강도 높은 규제 항목이 총망라됐다. 분양제도의 틀을 크게 바꾼 청약가점제도 도입됐다. 주택시장에서 마지막 통제수단이라 할 수 있는 주택거래허가제를 빼곤 모두 동원되다시피 했다.

1·11 대책은 규제의 유형이나 강도에서 2개월 전의 11·15 대책과는 비교되지 않을 정도로 강력해 대통령 임기 말년에 나온 부동산 정책의 종합판 같은 위력을 지니기에 충분했다.

주택시장은 얼어붙었다. 주택시장은 매기가 사라지면 매물의 호가액은 내려가게 마련이며 급매물이 증가하는 생리를 갖고 있다. 분양시장에서는 미분양이 다시 늘어나기 시작했다. 갑작스런 분양제도의 개편에 따른 불만의 소리도 적지 않게 들렸다.

노 대통령은 1월 말의 신년사에서도 "집값이 또 올라가면 더 강력한 것을 준비해 내놓겠다"고 말했다. 또 "서민들이 무리해 빚을 내서 집을 사지마라. 그렇게 많이 오르지 않을 것"이라면서 "이미 대출받아 산 사람들은 이자가 올라가서 손해를 볼지 모르는데 그게 실수요자인가. 다음에 사도 되는데 왜 앞질러 샀는가"라고 따지기도 했다.

곧이어 주택시장 안정과 주거복지 향상을 위한 공공부문의 역할 방안이란 1·31 대책이 뒤따랐다. 그러나 이는 장기임대주택을 11년 동안 260만 가구 지어 임대주택 비율을 5%에서 20%까지 끌어올린다는 장기계획으로 시장에는 별다른 영향을 미치지 못했다.

이 무렵 경제협력개발기구(OECD)는 집값 상승이 OECD 국가의 평균을 밑도는데 규제가 지나치다고 한국 부동산 정책에 문제를 제기했으며 국제통화기금(IMF)은 집값대책은 교육해법에서 찾아야 한다는 이색 제안을 내놓기도 했다.

부동산시장은 2월에 발표된 공시지가 12.4% 상승, 4월의 공동주택공시가격 22.8% 상승 등이 불황속의 보유세 부담 가중을 예고하면서 또 하나의 악재로 작용했다.

비상이 걸린 곳은 주택업체들도 예외가 아니었다. 새 제도가 적용되는 9월 이전으로 앞당겨 우선 발등의 불부터 끄고 보자는 식의 물량 밀어내기 분양이 고작이었다.

1 · 11 부동산시장 안정을 위한 제도 개편방안

– 9월부터 분양가 상한제를 민간택지아파트까지 확대
– 분양원가 공개를 투기과열지구의 민간아파트까지 확대
 (지방자치단체에 분양가 심사위원회 설치를 의무화)
– 채권입찰제를 공공택지에 짓는 아파트에서
 재개발 · 재건축 · 주상복합 등 85㎡ 초과 민간아파트까지 확대
 (채권상한은 주변시세의 90%에서 80%로 낮춰 책정)
– 전매제한 강화
 (공공택지의 주택은 전용면적 85㎡ 이하 10년, 85㎡ 초과 7년,
 민간택지의 주택은 85㎡ 이하 7년, 85㎡ 초과 5년)
– 청약가점제 도입
 (무주택자와 다자녀가구에 청약우선권 부여
 2주택 이상자 1순위서 제외)
– 후분양제 도입 시기를 2008년으로 연기
– 영세민 · 무주택 서민에 연 2~4.5%의 전세자금 지원확대
– 주택담보대출 규제 확대
 (투기지역 내 주택담보대출이 1인당 2건 이상인 경우 1건으로 제한)

1·11 대책의 새 제도들은 4월 주택법 개정안의 국회통과를 시작으로 관련법의 후속작업이 빠르게 진행돼 갔다. 새 제도와 장단을 맞추듯 공공부문의 분양원가 공개가 서울시에 의해 처음으로 시도됐다. 분양원가 첫 공개는 장지·발산지구에 지은 아파트로 원가가 주변시세의 60% 수준으로 발표됐다.

2007년의 9월은 주택사에 길이 남을 시기로 꼽힌다. 청약가점제가 시작됐다. 첫 아파트 분양기록은 인천논현 힐스테이트 594가구와 양주 신도 브래뉴 744가구가 차지했다.

정부의 미분양주택 대책도 이때 나왔다. 핵심은 1차로 미분양 아파트 5,000가구를 2008년까지 사들여 임대주택으로 전환한다는 내용이었다. 그린벨트에 들어선 첫 국민임대주택단지인 의왕청계마을의 아파트 입주식도 9월에 열렸다.

다음 달에는 가칭 반값아파트의 효시라는 토지임대부·환매조건부 아파트 804가구가 나와 분양가상한제 아래서 분양가 인하행진에 동조하는 듯한 인상을 풍기기도 했다.

아파트 분양시장은 1·11대책 이후 미분양이 빠르게 쌓이면서 미분양을 털어 내려는 고육책도 다양하게 전개됐다.

부산의 벽산 블루밍 아파트는 350가구 중 계약이 해지된 물량에 분양가의 절반을 4년 후에 내는 후불제를 주택담보대출 형식을 빌려 채택했다. 또 대구의 신일해피트리 934가구는 일부에 최저보상제를 두어 입주시기의 한 달 평균 프리미엄이 1,000만 원 이상 붙지 않을 경우 해약 또는 환불해 주는 조건을 달기도 했다.

연말 분양에는 서울 은평 뉴타운 일반분양 1,643가구도 가세했다. 고분양가 파문의 장본인이기도 한 이 아파트는 당초 책정했던 분양가보다 1차로 12.5% 내렸다가 2차로 0.3~2.3%를 추가하는 가격인하를 단행했다.

2007년은 주택인허가량이 55만 5,792 가구로 전년보다 18.4%나 늘어났다. 이 숫자는 주택종합계획에서 세운 목표 53만 가구를 앞지르는 호경기 때의 물량이었다. 특히 40만 가구 대에서 3년간

맴돌았던 실적을 감안하면 불경기 속의 이변이었다.

따라서 미분양주택은 큰 폭으로 증가했다. 10월에는 10만 가구를 넘어섰고 연말에는 11만 2,254가구로 1년 전에 비해 무려 52.2%나 늘어나면서 주택인허가 증가율을 크게 앞질렀다.

이 미분양아파트는 이명박 정부로 바통이 넘겨졌다. 주택경기 부양이 시작됐으나 물량이 너무 많아 줄이기에는 역부족이었다. 2008년 뉴욕 월가의 금융쇼크까지 겹쳐 연말에는 주택사상 가장 많은 16만 5,599가구의 재고를 남겨 놓아 주택정책 운신의 폭을 좁게 만들었다.

2007년에 주택시장에 박힌 대못은 여전히 위세를 부리고 있다.

이명박 정부 초기부터 폐지를 시도했던, 대표격인 분양가 상한제와 분양원가 공개는 국회의 벽을 넘지 못하고 있다. 청약가점제 역시 분양시장을 장악하고 있다. 채권입찰제도 살아 있다.

7

8월은
부동산 대책의 달

　우리나라처럼 부동산관련 정부대책이 많은 나라가 또 있을까. 호황 때면 규제책이, 불황 때는 부양책이 꼬리를 물다시피 한다. 그만큼 부동산 경기의 변화가 경제에 미치는 영향이 커져 부작용 해소를 위한 손질이 불가피함을 반증해 준다.

　특히 8월은 1년 중 부동산대책이 많은 시기로 단연 꼽히고 있다. 8월 말 전후의 단골메뉴이자 부동산과 밀접한 양도소득세 등을 다루는 세제개편안이나 각종 대책의 후속조치인 관련법, 주택 공급에 관한 규칙 등의 개정을 제외해도 8월에는 굵직한 내용들이 많다. 특히 2000년 이후에는 거의 매년 8월 부동산대책이 쏟아지고 있는 실정이다.

고령자 중에는 8월하면 대통령의 긴급재정명령권이 발동된 기업의 사채를 전면 동결하는 1972년의 8·3조치를 기억하는 사람들이 많을 것 같다. 그러나 부동산과 관련해서는 1978년의 8·8부동산투기억제종합대책이 대형으로는 첫 번째에 해당된다. 토지 건물은 물론 부동산소개업소까지 망라해 '부동산투기억제종합교과서'로 손색이 없다. 연초부터 가파른 토지·주택가격의 상승, 특히 아파트분양가격의 급등을 수반한 부동산 경기과열은 건축자재난, 물가인상 등 경제에 적지 않은 파장을 일으켰다. 7월에 터진 현대아파트 특혜분양 사건도 악재가 됐다.

　이에 뒤이어 나온 월척급의 부동산대책은 1978년 8·8대책과 비교할 때, 10년에서 불과 이틀밖에 차이 나지 않는 1988년의 8·10부동산투기억제대책이다. 부동산 경기의 10년 주기설이 거론된 이유도 이 두 개 대형대책의 우연한 인연 때문이라 할 수 있다.

　새 정부 들어 고위 공직자 재산공개 과정에서 돌출된 부동산 투기파문, 사정 한파 등이 연초부터 뒤숭숭한 분위기를 자아냈던 1993년은 8·12 금융실명제가 8월을 장식했는데 이때 부작용을 막기 위한 방안으로 부동산 부문은 신규 거래에 대해 예외 없는 자금출처 조사와 국토의 대부분을 3개월 시한부로 토지거래허가구역으로 묶는 내용이 포함됐다.

　금융실명제는 부동산실명제를 예고했다. 부동산 실제 소유자와 등기상의 소유자가 다른 것을 인정해 투기의 대명사로 낙인찍힌 명의신탁제가 부동산실명제의 표적이 됐다. 1년 뒤의 8·3부동산투기종합대책은 1995년의 부동산실명제 실시를 위한 사전 준비 작업으로 토지투기를 집중 겨냥했다.

미분양주택이 10만 가구를 웃돈 1995년부터 2년간은 시장안정대책이 분양가자율화와 함께 여러 차례 나왔다.

외환위기 2년째인 1998년에는 집값 폭락과 역전세난의 확산을 막기 위한 장단기대책이 꼬리를 물고 이어졌다.

김대중 정부는 외환위기 타개 방안으로 수출과 내수경기 부양을 위한 주택건설에 역점을 두었다. 깊은 늪에 빠진 주택시장의 활성화를 가로막는 규제가 거의 다 풀린 것도 이때의 일이다.

규제완화 일색이었던 부동산대책에 다시 규제의 손길이 미치기 시작한 것은 지방선거와 대선이 치러졌던 2002년의 연초였다.

이는 2001년의 집값과 전세가격이 내린 달이 없을 정도로 주택경기가 달아오르고 있었기 때문이다.

수도권, 그린벨트 260만 평에 주택 10만 가구 건설이 핵심인 2002년 1·8주택시장안정대책이 나오던 날 서울지역에서 첫 동시분양된 2,195가구의 아파트가 43.4대1의 경쟁률을 기록할 정도로 주택시장은 과열양상을 빚고 있었다.

곧이어 노무현 정부는 서울지역의 투기과열지구 지정, 4년 만에 무주택우선분양의 부활 등을 골자로 하는 3·6주택시장안정대책, 향후 10년간 국민임대주택건설 계획량을 50만 가구에서 100만 가

구로 확대하는 5·20 중산층 서민생활향상대책을 잇따라 내놓았
다. 또 8월에도 주택시장안정대책을 발표했는데 이는 집값 상승
의 주범으로 낙인찍힌 재건축을 규제하는 신호탄이 됐다. 이어 토
지에 주안점을 둔 8·27 부동산값안정후속대책이 나왔다. 내용 중
에는 2006년 6월까지 1년 6개월 동안 수도권과 제주지역에서 2회
이상 부동산을 사들인 13만 명을 대상으로 투기 여부를 가리기 위
한 조사도 들어 있었다.

서민·복지대책으로 방향 전환

2000년 이후의 각종 대책에는 서민, 복지, 생활안정, 전월세 등
의 구체화된 제목이 많아 이전의 투기억제, 시장안정 등과 대조를
이룬다.

2003년에는 8월이 아닌 9월초에 커다란 대책이 연거푸 나왔다.
종합부동산세 신설이 핵심인 9·1 부동산 보유세개편방안, 10년간
장기임대주택 150만 가구를 건설한다는 9·3 서민·중산층 주거안
정지원대책, 재건축의 경우 가구수의 60% 이상을 85㎡ 이하로 짓
고 분양권전매를 금지한다는 9·5 주택가격안정대책이 바로 그것
들이다.

2004년에는 외환위기의 영향을 크게 받은 1998년에 이어 두
번째로 전국의 집값과 전세가격의 동반하락이 있었지만 거의 1년
간 끌었던 초강력 종합부동산세법의 제정 분위기 속에서도 수도권

과 충청권을 주축으로 한 땅 투기가 극성을 부려 전국 땅값이 연간 3.86%나 올라 주택과 큰 대조를 보였다.

주택경기가 회복세를 보인 2005년에는 6월의 부동산대책 회의에서 8월 말까지 부동산 관련 제도를 전반적으로 재검토해 종합적인 대응방안을 강구키로 의견을 모아 강력한 대책의 출현을 예고했다. 이렇게 뜸을 들여 탄생한 8·31 부동산종합대책을 양도소득세와 종합부동산세를 주무기로 한 투기수요 차단 대책과 서울 송파·거여 지구에 신도시를 건설하는 주택공급 확대책이 핵심을 이루었다. 이날 부총리는 "투기는 끝났다. 시간이 흐르고 나면 부동산정책이 바뀔 것이라는 생각은 오늘이 마지막"이라는 유명한 말을 남겼다.

노무현 정부의 손꼽히는 대책의 하나인 8·31 대책은 2006년의 3·30 후속조치를 거쳐 2007년 1·11 부동산시장안정을 위한 개편방안까지 이어지며 완성을 보게 된다. 3·30 조치는 최고 50%까지 개발이익부담금부과 등 재건축규제의 완결판이었다면 1·11대책은 황금돼지의 해이자 대선의 해에 마무리된 종합대책 중의 걸작품이었다.

2007년의 8월은 대책다운 대책은 없었으나 1·11대책의 핵심 내용인 아파트분양가 상한제와 분양원가 공개 항목의 확대, 채권입찰제의 부활, 최고 10년으로 하는 전매제한의 강화, 청약가점제의 도입 등이 9월 시행을 앞두고 마무리되는 부산한 시기였다.

8월의 부동산 관련 대책 현황

시 기	내 용
78.8.8	**부동산투기억제 종합대책** – 양도세 기본세율 토지·건물 구분없이 　50%로 상향조정, 미등기전매 100%, 2년 이내 거래 70% – 토지거래허가·신고제 – 공한지세 기간별 누진 – 79년 토지개발공사 설립 – 부동산소개업 허가제
88.8.10	**부동산투기억제대책** – 1가구 2주택 양도세 비과세기간 단축 　(아파트 2년에서 6개월, 단독주택 1년) – 1가구 1주택 양도세 비과세기간확대 　(거주 1년 보유 3년 이상에서 거주 3년 보유 5년 이상으로) – 85㎡ 초과 주택부터 재산세 중과 – 등기의무제 도입 – 10월부터 관인계약서 의무화 – 토지공개념 도입 　(택지 보유상한제, 부재지주 소유농지의 재산세 중과, 　산지의 형질 변경에 따른 개발이익 전액 환수)
93.8.12	**금융실명제 실시** – 긴급명령권 발동(비실명 예금 인출 금지) – 이자·배당소득 종합과세 96년부터 단계적 실시 – 비실명 자산은 10월 12일까지 실명전환 – 신규부동산거래는 예외없이 자금출처 조사
94.8.3	**부동산투기종합대책** – 95년 가동되는 토지전산망을 금융실명제와 연계해 　토지거래 실명화체계 구축 – 지가 급등지역 등 투기우려지역의 토지거래는 투기여부조사 – 농지 취득후 1년 이내 취득 목적대로 사용치 않을 경우 　처분의무부과(이행 않을 경우 농지는 농어촌공사가 선매권 행사)

시 기	내 용
94.8.23	전세 및 주택가격 안정을 위한 장단기 대책 – 주택업체가 미분양아파트를 임대하거나 임대사업자가 5가구 이상 매입해 5년이상 임대할 때 양도세 전액 면제 – 다세대주택 건물 높이 제한 완화

99.8.20	중산층·서민 주거안정 대책
	– 2000년부터 2가구 이상도 주택임대사업 가능
	– 9월부터 5인 이상 사업장의 무주택근로자에 대한 대출한도를
	  1인당 2,000만 원에서 4,000만 원으로, 전세대출 한도를
	  1,500만 원에서 3,000만 원으로 확대

00.8.29	건설산업 활성화 방안
	– 9월~2001년 1년 이상 보유한 주택을 팔고 미분양을 포함해
	  신축분양주택을 취득하면 양도세 특례세율을
	  20~40%에서 10%로 낮춰
	– 택지난 해소 위해 공공택지 개발면적을
	  850만 평에서 1,000만 평으로 확대
	– 2001년 사회간접자본 예산 14조원 유지

01.8.20	서민 주거안정방안 후속 대책 (8.15 경축사 후속)
	– 생애 최초 85㎡ 이하 신축주택구입시 7,000만 원 이내에서
	  집값의 70%까지 연 6% 대출(60㎡ 이하에서 85㎡까지 확대.
	  5월23일 소급 적용)
	– 시중 임대료의 절반 수준인 국민임대주택을 2003년까지
	  20만 가구로 늘려 공급
	– 근로자 서민 전월세 자금을 가구당 6,000만 원 이내에서
	  전세금의 70%까지 지원

02.8.9	주택시장 안정 대책
	– 서울지구 단위계획 수립 대상 확대
	  (재건축 300가구 이상에서 20가구 이상으로)
	– 재건축구역 지정 의무화
	  (300가구 또는 1만㎡ 이상을 재건축할 때
	  사전에 시·도지사 허가 받아야)
	– 수도권의 분양권·재건축아파트 단기 거래자 세무조사

시 기	내 용

02.8.27	부동산값 안정 후속 대책
	– 그린벨트 내 토지거래 허가 대상
	  100평 이상에서 60평 이상으로 확대
	– 천안·아산 신도시 토지거래 허가구역으로 지정
	– 수도권·제주지역의 단기 전매·나대지 매입·외지인 매입·
	  과다매입 등을 조사
	– 서울 강남 등 10개구, 인천 경제특구 예상지역을
	  토지거래 동향 감시 구역으로 추가지정 계획
	– 아파트 부녀회의 가격 담합 행위에 공정거래법
	  적용 가능성 여부 검토

04.8.13	서민·중산층 생활안정대책 〈부동산 부문〉 – 전세금 반환자금 1,000억 원 조성(전세금의 30% 이내 최고 2,000만 원, 연리 5.8% 85㎡ 이하 주택) – 2005년 하반기부터 실거래가 신고에 맞춰 거래세율 인하
05.8.31	부동산종합대책 – 2주택자 양도세 2007년부터 50% 중과 – 종합부동산세 주택은 6억 원 초과로 확대, 가구별 합산으로 변경 – 비사업용 토지, 거주하지 않는 곳의 농지와 임야를 팔 때 2006년부터 실거래가 기준 과세 – 토지이용의무 위반 적발시 신고포상제 도입 – 수도권에 중대형 아파트 5년간 41만 5,000가구 공급 – 송파·거여지구 200만 평에 5만 가구 신도시 건설 – 개인간 주택거래세율 1% 포인트 인하
06.8.31	주거 복지 대책 – 2006년~2012년 임대주택 116만 8,000가구 공급 (85㎡ 초과를 6,000가구에서 8만 가구로 확대) – 공공택지의 임대주택용지 비율을 45%에서 50%로 확대

시 기	내 용

08.8.21	부동산시장 활성화 대책
	– 재건축 규제 완화
	  • 안전진단 1회로 축소
	  • 2종 일반주거지역 층고 평균 18층으로 완화
	  • 후분양제 폐지
	– 30년 장기주택담보대출 활성화
	– 1가구 2주택 중과세 면제 대상을
	  광역시의 3억 원 이하 주택까지 확대
	– 검단·세교신도시 추가 건설
	  • 인천 검단지구 11.23㎢에 6.9㎢ 추가, 주택 9만 2,000가구
	  • 오산 세교지구 2.8㎢를 8㎢로 확대, 주택 3만 7,000가구 계획
	– 전매제한 완화

09.8.20	친서민 세제지원 방안 – 2010년부터 총급여 3,000만 원 미만의 무주택 근로가구주가 내는 월세의 40%를 소득공제, 연간공제한도는 300만 원

09.8.23	서민을 위한 전세시장 안정 대책
	– 도시형 생활주택을 짓는 건설업자에게 국민주택기금에서
	  가구당 5,000만 원까지 지원, 주차장 진입도로 규제 완화
	– 전월세의 대체수요가 되는 오피스텔의 바닥 난방금지면적을
	  11월부터 60㎡에서 85㎡로 확대
	– 전세자금 규모를 5조원으로 8,000억 원 증액
	– 전세대출보증한도를 1억 원에서 2억 원으로 확대

09.8.27	서민주택 공급확대 방안
	– 보금자리주택을 2012년까지 4년간 32만 가구로 확대
	– 85㎡ 이하 보금자리주택의 전매제한 기간을 5년에서
	  7~10년으로 늘리고 투기차단을 위해 5년 거주 의무화
	– 근로자 생애최초 주택청약제도를 신설해
	  전체 물량의 20%를 특별 공급
	  (특별공급 할당으로 ▲신혼부부용은 30%에서 15%
	  ▲일반공급은 40%에서 35%로 비율 조정)

시 기	내 용

10.8.29	실수요 주택거래 정상화와 서민·중산층 주거안정 지원 방안
	− 총부채상환비율 규제를 2011년 3월까지 한시적 폐지
	  (무주택자와 1주택자 대상, 비투기지역 9억 원 이하 주택 구입시,
	  강남 3구 제외)
	− 2012년까지 다주택자 양도세 중과 완화 2년 연장
	− 취득·등록세 50% 감면을 2011년까지 1년 연장
	− 서울 제외한 수도권 매입 임대주택사업자 요건 완화
	  (임대가구수는 5가구 이상에서 3가구 이상, 임대기간은 10년에서
	  7년, 취득시 공시가격은 3억 원에서 6억 원 이하로 각각 조정)
	− 생애최초 주택구입자금대출 재개
	− 전세자금·반환자금 대출보증 지원 강화
	− 보금자리주택 사전예약물량 축소
	− 채권·대출 담보부 증권 3조 원 규모 발행,
	  환매조건부 미분양 리츠 펀드매입대상 확대

11.8.18	전월세시장 안정 방안
	− 임대사업자 지원 확대(수도권 등록기준 3가구에서 1가구로 완화)
	− 주거용 오피스텔 건설자금 지원 확대
	  (대상 12∼30㎡에서 12∼50㎡, 한도 40만 원에서 80만 원으로)
	− 60㎡ 이하 주택 전세보증금 소득세 3년 면제
	− 민간 다세대주택 2만 가구 매입해 임대주택으로 공급
	− 재정비 사업시기 분산
	− 임차인 소득공제 연소득 3,000만 원 이하에서
	  5,000만 원 이하로 확대
	− 수도권 일부지역과 광역시의 전세금 지원을 5,000만 원에서
	  6,000만 원으로 확대, 상환기간은 6년에서 8년으로 연장
	− 가격 담합 등 불공정행위 막기 위해 중개업소 단속 강화

12.8.17	총부채상환비율 규제 보완 방안
	− 40세 미만 직장인은 향후 10년간 예상되는 연평균소득을
	  기준으로 주택담보대출 가능
	− 급여소득이 없어도 보유자산가격의 은행이자만큼은
	  소득으로 인정

이 같은 정책의 큰 변화는 하반기의 주택인허가 물량집중이 입증하듯 주택시장에 때아닌 여름철 밀어내기를 불러왔다. 주택인허가비율이 상반기 23.5%, 하반기 76.5%로 크게 벌어졌다.

11만 가구에 달하는 미분양 아파트를 다음 정부에 넘겨주고 말았다.

이명박 정부는 출범 첫해부터 미분양 재고 부담을 덜기 위해 주택경기부양 쪽으로 가닥을 잡았고 규제 완화 일색인 8·21 부동산 시장 활성화 대책을 마련했다. 그러나 추석연휴 마지막 날에 날아든 리먼파산이 뇌관이 된 글로벌 금융위기로 잇따른 위기극복 대책에도 불구하고 연말에는 미분양주택 16만 5,599가구라는 초유의 기록이 세워진다. 이 가운데는 소위 악성으로 분류되는 완성된 아파트가 28%나 차지했다.

침체의 늪에 빠진 경제를 살리기 위해 내수경기부양, 구조조정, 일자리 나누기 등이 연초부터 유행어처럼 오르내리다시피 한 2009년에는 서민이란 공약수가 들어 있는 3개 대책이 일주일 만에 쏟아져 나와 특히 서민들의 전월세 주택시장을 둘러 싼 당시의 심각한 분위기를 읽을 수 있었다.

이명박 대통령은 2010년 6월 비상경제회의를 주재한 자리에서 "주택가격의 안정 기조는 지속돼야 하며 정부정책은 실수요자를 배려해 거래불편을 해소하는데 집중해야 한다"고 강조했다. 이후 몇 차례의 손질이 가해지고 나서 '실수요주택거래 정상화와 서민·

중산층 주거안정지원방안'이란 긴 제목의 8·29 대책이 단절되다 시피 한 매매거래를 살리는데 동원됐다.

2011년에도 8·18 전월세시장안정방안 등이 나왔으나 2008년 부터 계속되는 저조한 주택건설 실적을 그대로 반영하듯 전세가격 은 전국평균이 두 자릿수 상승으로 돌아섰다.

8월에 크고 작은 부동산대책이 몰리는 것은 매년 행사가 돼 버 린 봄철의 전월세 난을 비롯한 상반기 부동산 시장의 불안정 때문 으로 여겨진다. 따라서 시장동향을 파악하고 처방을 내리는 시기 가 여름철로 맞아떨어진다. 또 계절적 요인인 가을 성수기를 앞두 고 전월세 가격동향 등의 주택부문이 추석물가대책에 포함되는 경 우가 많은 것도 그 이유일 것이다.

부동산 박사들

부동산 분야처럼 '박사'가 많은 곳도 아마 없을 것이다. 부동산학 박사의 이야기가 아니다. 우리나라에서 부동산학으로 박사학위를 받은 사람은 100명 남짓한 것으로 알려져 있다. 그러나 이론은 제쳐 두고 투기를 시도했거나 여러 차례 투자로 물정에 밝아 부동산으로 부(富)를 증식시키는 데 남다른 경험을 가진 소위 '부동산박사' 들은 흔할 정도로 많다.

한때 일부 층이 과점했던 웬만한 투기수법은 여러 차례 불어닥친 부동산 열풍을 타고 이제는 넓게 보급돼 있다.

'부동산'하면 뒤에 '뿌리 뽑겠다'는 정부의 강력한 의지표현이 그림자처럼 따라붙었지만 최근의 불경기에도 뿌리는 여전히 살아 있다고 보아야 할 것 같다.

'투기'가 들어가는 제도적 장치이자 양도소득세의 전신인 부동산 투기억제세가 만들어진 것이 1967년임을 감안하면 투기의 역사는 결코 짧지 않다. 1962년에 시작된 경제개발계획에 편승해 땅투기가 기승을 부리자 나온 정부의 대응책이었다.

1978년에는 가격이 폭등한 부동산을 대상으로 투기지역이 처음 고시됐다. 여기에는 아파트 투기지역도 들어 있었는데 영동·잠실·여의도·반포가 바로 그것이었다.

정부의 대책 가운데 투기란 말이 들어간 손꼽을 만한 대형급 대책은 이해의 8·8부동산투기억제 종합대책으로 미등기 전매, 2년 이내 단기 거래가 주표적이 됐다.

10년 뒤의 8·10부동산 투기억제대책을 거쳐 2005년의 6·13 주택투기대책에서 '투기'의 제목은 끝난다. 투기와의 전쟁에서 최전선부대인 국세청은 1987년 투기거래로 인정하는 경우를 다음과 같이 분류했다.

△ 미성년자 명의로 부동산을 취득한 후 양도
△ 타인 명의로 취득하여 양도한 사실이 확인될 때
△ 아파트 당첨권 등 부동산을 취득할 수 있는 권리의 양도
△ 미등기 전매 취득 후 1년 이내에 양도할 때

그러나 오래전부터 전매는 공증제도를 안전장치로 삼아 널리 행해지고 있었다.

투기를 공격하는 주무기는 세금과 자금출처조사였다. 투기가 적발되면 기준시가가 아닌 거래가격을 근거로 양도세를 과세하며, 투기혐의자에 대해서는 자금출처조사로까지 확대하여 투자자를 떨게 만들었다. 불로소득에는 세금이 추징됐으며 때에 따라서는 투기꾼 명단이 공개되기도 했다.

노태우 대통령은 투기를 통치권 차원에서 근절한다는 발표와 함께 5·8부동산 투기억제와 물가안정을 위한 특별보완대책을 내놓았는데 이는 기업의 비업무용토지의 담보취득금지와 매각을 종용하는 내용이 주종을 이뤘다.

김영삼 대통령은 취임 초기 장관, 청와대수석 등 40명에 대한 공직자 재산공개 파문이 있은 후 투기근절의 제도화를 지시하면서 부동산을 갖고 있는 것이 고통이 되도록 세법 등 관련제도를 획기적으로 개혁할 것을 주문했다.

이때 종합토지세의 과표가 공시지가로, 주택 건물의 재산세과세는 건별에서 가구수 합산 과세로 각각 바꾸는 과표 조정 작업에 착수하게 된다.

또 1993년 금융실명제 도입에 이어 1995년에는 부동산실명제가 7월 시행에 들어간다. 투기와의 전면전에선 노무현 정부를 빼놓을 수 없다. 대선을 전후해 수도권과 충청권의 부동산 경기가 과열로 치닫자 노 대통령은 취임 첫해 국회에서 행한 시정연설에서 "부동산 투기는 결코 용납하지 않겠으며 강력한 공개념제도의 도입을 검토하겠다"고 말했다.

또 "아직도 사람들이 부동산대책을 믿고 있지 않으며 공공연히 강남불패란 말까지 나오고 있다"고 지적했다.

건설교통부는 2003년 수도권개발과 충청권 신행정수도 건설계획에 편승해 땅투기가 기승을 부리자 무려 7만 명에 달하는 투기혐의자를 적발해 국세청에 통보했다. 또 2차로 토지매입자 13만 5,000명 중 투기의심자 5만여 명을 추가했다. 이때의 투기유형은 2회 이상 토지매입, 미성년자 명의의 매입이 주류를 이루었다. 이 가운데는 6개월에 65회의 토지매입, 서울 거주 7세 어린이 명의의 임야 1만 평 매입 등도 들어 있었다.

노 대통령은 부동산대책과 관련해 "투기와의 전쟁에서 반드시 승리하여 전세계 부동산값이 올라도 한국은 올라서는 안 된다"고 역설했다.

국민과의 대화에서는 "양극화나 빈부격차의 첫 번째가 부동산이지만 역대 정부가 부동산정책에서 실패한 것은 부동산 부자쪽의 반대여론 때문"이라고 지적했다.

노 정부는 출범부터 쉬지 않고 부동산 투기를 몰아붙이며 투기가 끝났다고까지 선언했지만 2006년에는 두 자릿수의 집값 폭등이란 불명예를 안고 말았다.

땅투기는 택지개발지구 등 개발예정지의 보상금을 노린 사례도 적지 않다. 서울 강남보금자리 주택지구의 경우 비닐하우스에 세를 놓거나 벌통 설치, 농업용 비닐하우스의 주거시설 위장, 과실수를 식재하는 등 갈수록 수법이 교묘해지고 있다.

만연된 투기병

주택은 토지보다 투기층이 더 두터운 편이다. 특히 아파트분양은 투기의 교과서 역할을 할 정도로 다양하게 전개돼 왔다.

지난 1977년 서울 여의도에서 아파트분양에 과열현상이 빚어지자 국세청은 6개 아파트를 대상으로 조사를 벌인 적이 있다. 조사 대상 1174가구 중 41.6%가 전매된 것으로 밝혀졌다.

신청금만 내고 당첨만 되면 손쉽게 목돈의 프리미엄을 맛볼 수 있는 신종 주택복권인 아파트청약은 여의도 바깥으로 빠르게 투기수법이 전파돼 갔다. 동원되는 관광버스의 대수로 부동산중개업소의 사세를 과시했던 사례가 35대 1의 경쟁을 보인 6월의 압구정동 한양1차아파트 936가구 분양에서 나왔다.

분양에 이어 당첨자 조사와 전매추적이 꼬리를 물었다. 분양이 끝난 지 불과 한 달 남짓한 사이에 절반이 넘는 486가구가 전매된 것으로 밝혀졌다.

국민주택 청약부금자를 대상으로 한 주택공사의 반포아파트는 입주일로부터 1년 동안 전매를 금지했음에도 불구하고 입주후 명의를 변경한다는 단서를 다는 수법의 전매가 성행했다.

1978년 3월 건설부는 주택청약예금제 시행에 따른 후속조치와 투기억제책을 결합한 '주택공급에 관한 규칙'을 마련했다. 이때 분양시장에 큰 파문을 던진 3년간 재당첨금지조항이 생겨났고 아파트분양에서 6번 이상 낙첨된 사람에게 주어지는 소위 '0순위'인 최우선분양제가 생긴 후에는 고의로 떨어지기 위한 청약이 유행해 비인기지역에서도 이상과열을 빚어내는 진풍경이 벌어지기도 했다.

같은 순위에서 채권액이 높은 순서로 당첨자를 가리는 채권입찰제가 도입된 후에는 아파트분양이 돈 싸움으로 변질됐다. 과열을 식히기 위한 자금출처 조사설이 나돌면 고액채권매입자들이 앞다퉈 계약을 포기해 주택업체들은 예상치 못한 골칫거리로 미분양아파트를 떠안아야 했다.

분양가상한제 아래서 채권입찰제로 인해 1억 원에 달하는 채권기록을 세운 서울 옥수현대 재개발아파트는 분양계약 후에 된서리가 내렸다. 서울시가 남의 이름을 빌렸거나 통장을 사서 당첨됐거나 당첨권을 산 38명에게 당첨을 무효화하고 아파트를 회수하는 바람에 프리미엄, 채권, 양도세 등의 처리를 놓고 거래자들 간에 심각한 후폭풍을 일으켰다.

1991년에는 한보와 주택조합이 짜고 집단민원형식으로 택지개발지구의 택지를 분양받기 위해 각계에 압력을 넣도록 뇌물을 준 것으로 검찰이 수서사건 전모를 발표한 후 강도 높은 조합주택에 대한 조사와 함께 주택조합제도의 전면적인 개편이 이어졌다.

같은 해 5월 고양성사지구 3개 아파트 1,464가구 분양에는 경쟁률 56대 1에 청약금 5,500억 원이 몰렸다. 과열은 청약예금제 적용지역이 아닌데서 비롯됐는데 이로 인해 군(郡) 지역에까지 청약예금가입제가 확대되는 제도변화를 가져왔다.

수도권 5개 신도시건설 4년째인 1992년에는 신도시아파트를 포함해 5,000여 명의 부정당첨자가 적발됐다. 이들은 집이 있으면서 무주택자로 위장하거나 1가구 2주택 이상이면서 1순위로 신청한 사람들이었다. 이는 주택전산망 가동 1년간의 실적이었다.

감사원도 부적격 당첨자 색출에 나서 471명을 적발한 적이 있다. 집이 있으면서 1순위로 신청해 당첨됐거나 예비당첨자 몫을 공무원이나 분양업체 직원에게 특혜 분양했던 것이 들통났기 때문이다.

특히 2003년부터 3년 동안에는 투기과열지구 내에서 308개 업체가 분양한 19만 8,000가구의 아파트 가운데 80.5%가 주택전산 검색 없이 입주자로 선정됐으며 이중 2만 6000가구의 표본조사결과 332명이 1순위 자격이 없는데도 당첨된 것으로 밝혀져 물의를 빚었다.

투기수법은 갈수록 다양해져 청약가점제를 겨냥해 부모 등 가족수를 늘리려는 위장전입, 3자녀 특별 분양을 악용하는 허위입양 사례도 나타났다.

국세청은 1990년 5·8조치를 전후해 투기색출 결과를 발표하면서 부동산 투기가 계층이나 지역을 가릴 것 없이 보편화되고, 사회 전체가 투기병이 만연돼 있음을 입증했다고 평가했다.

그로부터 15년이 흐른 2005년 8·31조치가 나오기 2개월 전 검찰, 경찰, 국세청 등 정부합동단속반이 대대적인 투기 단속작전을 전개해 2,849명의 투기사범을 적발했고 147명을 구속했다는 발표를 한 적이 있다. 이때 검찰은 투기가 전 국토에서 모든 계층에 의해 무차별적으로 행해지고 있으며 대상도 임야 농지는 물론 산업단지 등 종류를 가리지 않고 있다는 분석을 내놓았다.

재산공개나 인사청문회에서 부동산 검증은 많은 사람들에게 고위공직자의 꿈을 접게 만든 저승사자가 되고 있다. 그만큼 부동산 박사들의 층이 두텁다는 얘기다.

그러나 요즘에는 역사가 오래된 위장전입이나 다운계약서 작성 등은 투기수법의 유형이 아닌 관행으로 취급될 정도로 부동산박사들의 낯이 두꺼워지고 있는 것 같다.

9 부동산 노예화 현상들

우스갯소리가 하나 있다. 남녀가 만나서 가정을 꾸리며 행복을 꿈꾸는 결혼식은 부동산 영향권에 발을 들여놓는 신고식이라는 것이다. 결혼비용에서 살 집 마련에 드는 돈이 적지 않기 때문에 생긴 말이겠다.

결혼비용은 평균이 2억 원을 웃돌기 시작했다는 뉴스도 있는데 한국소비자보호원의 10년 전 조사에서는 9,000만 원 정도였다. 특히 결혼비용에서 차지하는 주택마련 비용은 비율이 70% 안팎까지 크게 높아졌다. 결혼비용의 증가 속도에서 주택마련 비용의 비율이 앞서고 있는 것은 전세 가격의 발 빠른 상승세 때문일 것 같다. 이렇다 보니 결혼이란 축복받은 행사는 부동산의 힘에 눌려 결혼비용을 둘러싸고 내 집 마련에서부터 혼수, 예식 등 의례 비용에 이르기까지 신랑 신부는 물론 양가에도 심한 갈등을 불러오게 된다.

결혼이란 집을 마련하는 행사인지 선남선녀가 새 가정을 꾸리는 행사인지 헷갈리게 됐다. 돈의 크기로만 따진다면 전자의 행사에 해당된다.

노인빈곤 가구의 비율이 45%로 경제협력개발기구(OECD) 회원국 가운데 가장 높은 것도 부모가 그동안 모아놓은 돈을 자식들의 교육과 결혼에 쏟아부어야 하는 한국병 때문이라는 분석도 나오고 있다.

돈잔치가 돼 버린 한국형 결혼은 사람들을 점점 더 부동산 늪에 빠지게 해 부동산의 노예로 만드는 시작은 아닐까. 결혼이 집을 위해 사는 사람들을 만들기 위한 초보과정에 해당되는 것 같은 의심을 떨칠 수 없다.

부동산 또한 절대가격이 높아지다 보니 사람들이 오히려 그 기세에 눌려 부동산이 사람을 좌지우지하게 만드는 게 아닌가 하고 착각되기도 한다.

판단의 척도가 상식이 아니고 부동산을 가졌느냐, 가졌으면 그 가격이 얼마나 되며 또 이익이 되느냐 손해가 되느냐에 따라 좌우되는 부동산의 노예화 현상이 벌써 깊숙이 확산돼 있다고 보면 잘못된 표현일까.

돈에 보탬이 되는 사업이면 도를 벗어난 지역 간 유치경쟁이 일고 집값과 땅값에 악재가 될 시설이면 격렬하게 거부하는 부동산형 이기주의가 기승을 부린지도 오래됐다. 대형시설 등의 유치전에는 정치 선거 등과 연계되는 사례 또한 적지 않아 지역 간 갈등을 부추기는 요인으로 떠오르고 있다.

선거에서도 부동산은 위력을 발휘한다. 부동산 관련 공약은 임대주택의 주택공급량을 늘리는 등 혜택을 받게 되는 층이 불분명한 공약에서 이제는 특정지역이 거론되거나 수혜의 윤곽이 드러나는 구체화된 공약으로 발전해 가고 있다.

1989년 서울 강남에서는 새로 건설할 지하철 노선을 싸고 소위 대치동과 개포동 주민들 간에 별난 싸움이 벌어졌다. 대선공약을 지키라는 측과 서민 위주의 거주 지역이라 노선을 양보 못한다는 측이 팽팽히 맞섰다. 결국 노선 조정이 이뤄져 도곡역과 수서역 사이를 3호선과 분당선이 8자 모양으로 양쪽 지역을 경유하게 됐다. 2개 노선이 겹치게 됐지만 3호선의 대청역 밑을 분당선이 지날 뿐 환승역을 만들지 않은 것도 이색 사례로 꼽히고 있다.

2002년 대선에서는 노무현 대통령이 대선 공약의 하나로 내놓았던 충청권으로의 행정수도 이전은 충청권의 표를 절반 이상 몰아준 효자 공약으로 유명하다. 이로 인해 대선 이전부터 충청권을 중심으로 한 땅값 폭등 바람이 불었다. 당시 공주군의 1개 면에선 12월 한 달 동안 땅값이 무려 15%나 치솟아 대선공약의 위력을 유

감없이 발휘했다. 당시 건설교통부는 땅값조사 발표 직후 행정수
도 후보지 6개 시 5개 군을 토지거래감시구역으로 지정하고 곧이
어 충청권의 36%를 토지거래허가구역으로 묶는 대선 후폭풍을 잠
재우는 소란을 피웠다.

노 정부는 부동산 공약의 재미를 톡톡히 보았지만 5년 내내 부
동산으로 시달림을 받았다. 게다가 신설 세인 종합부동산세는
2006년의 주택가격 폭등으로 대상이 크게 늘어나 50만 장에 가까
운 고지서를 2007년 대선 턱밑에 보내야 하는, 선거에 바람직하지
않은 우연을 만들어내기도 했다.

2008년 18대 4·9 총선에서는 서울의 경우 뉴타운 공약을 빼놓
을 수 없다. 부동산 시장을 떠들썩하게 만든 뉴타운은 선거가 끝난
뒤에 법을 바꿔서라도 뉴타운 지정을 강행한다는 주장과 집값안정
이 우선이라는 주장이 맞붙은 공방으로 번지기도 했다.

2012년의 19대 총선에서도 서울의 뉴타운을 도마에 올려놓은
지역이 많았는데 이번에는 신규 지정이 아닌 정비사업의 재검토
공약이 다수를 차지해 18대 총선과 달랐다.

혁신도시에서의 유치 경쟁은 전북과 경남이 벌인 한국토지주택
공사의 이전이 대표격이다.

신공항 유치경쟁도 치열했다. 이전이 아닌 신설을 놓고 벌인 동
남권 신공항은 부산이 인근 가덕도를, 대구·경북·울산·경남이 밀
양을 각각 최적지로 주장하는 지역 간 유치전이 너무 가열되자 정

부의 입지 선정이 큰 부담이 됐고 결국 백지화로 끝을 보게 된다.

2012년 18대 대선에서 재등장한 영남권 신공항과 원자력 클러스터, 춘천~속초 간 고속화철도를 비롯해 수도권, 동해안, 광주광역시, 세종시, 평창, 오송 등지의 지역별 공약이 두드러졌다.

지방자치단체장 선거는 부동산 공약의 싸움이라 해도 과언이 아니다. 이웃한 지방자치단체 사이에도 찬성이나 반대를 놓고 지역이 쪼개져 격돌하는 사례는 적지 않다.

화장이 장례문화로 정착돼 가고 있으나 정작 사람들의 인식은 화장장을 대표적인 혐오시설로 취급해 환영보다는 크나큰 거부감을 표출한다.

서울 원지동에 들어선 서울추모공원이 문을 연 것은 환경오염 등을 이유로 반대가 있은 지 10년 만의 일로 널리 알려져 있다.

최근 강원도의 춘천시와 홍천군이 공동화장장 건립에 나선 것은 인접한 지방자치단체끼리 상생을 이룬 보기 드문 사례로 평가받고 있을 정도다.

1995년 지방자치제 실시 이후 2010년까지 지자체간 분쟁이 259건에 달하고 있는데 이중 화장장, 납골당, 쓰레기 처리장, 발전소 같은 시설을 둘러싼 싸움이 30% 가량을 차지한다는 언론보도도 있었다.

국토의 균형발전은 어느 특정 정부만의 과제는 아닐 것이다. 나라의 백년대계를 내다보고 지혜를 모아야 하는 중요한 사안임에 틀림없다. 더욱이 선거에서 표를 의식해 정치논리로 푼다면 시간이 흐를수록 후유증이 증폭될 게 뻔하다.

결혼은 물론 지방자치단체장에서 국회의원·대통령 선거에 이르기까지 부동산의 그늘에 갇히게 만드는 부동산 노예화 현상이 더욱 확산되지 않도록 모두 정신을 차려야 할 때가 아닐까.

이사학(移徙學)

사는 곳을 옮기는 것을 이사라고 한다. 필요에 따라 사람이 가고 짐도 따라가는 이사가 많다는 것은 곧 인구의 지역 이동이 많음을 의미한다.

2012년 우리나라의 인구이동률은 14.9%로 나타났다. 이는 통계청이 밝힌 국내 인구이동통계에 따른 것으로 읍·면·동 경계를 넘어 거주지를 옮긴 사람의 비율이다. 이 비율은 지난 1974년의 15.3% 이후 38년 만에 가장 낮은 수치라고 한다. 인구이동률은 보통 20%를 웃돌았으나 2002년 19.9%로 20% 아래로 다시 내려갔다. 주택인허가 숫자가 연간 40만 가구 이하로 떨어진 데서 알 수 있듯이 주택경기 침체가 본격화된 2002년 17%대로 낮아진 후에도 인구이동률은 계속 내리막길을 걷고 있다.

주택경기와의 밀접한 관계를 들어 인구이동률을 주택경기의 지표로 보기도 한다.

그러면 2012년보다 인구이동률이 조금 높았다는 1974년은 어떤 해인가. 이해는 연초부터 대통령 긴급조치가 선포돼 개헌논의 등이 일체 금지된 정치적으로 암울한 시기였다. 광복절 경축식에서 육영수 여사가 피격되는 사건도 발생했다.

경제부문에서는 석유값 폭등, 달러당 480원으로 기준 환율 20% 인상 등이 있었으며 부동산 분야에서는 공한지세가 신설되고 부동산투기억제세가 양도소득세로 탈바꿈했다. 340만 평에 계획 인구 25만~30만 명을 수용하는 잠실지구 종합계획이 확정된 것도 이때의 일이다.

특히 주택시장은 반포아파트의 주택채권 매입경쟁, 영동AID아파트의 전매성행 등 공공부문의 주택분양은 인기가 쏠렸으나 기존 주택은 가격이 하락하며 극심한 양극화 현상을 보였다.

이사가 갖는 궁금증의 하나는 한 건의 이사가 몇 건의 이사에 영향을 주는가이다. 예를 들어 한 건의 전세계약이 체결되면 이사 오는 사람은 몇 단계를 거쳐 왔으며 가는 사람은 몇 단계를 지나야 연쇄반응이 끝나는가이다. 매매거래도 다를 바 없다.

이사를 한 번이라도 해 본 사람이라면 일정시기에 맞춰 전세보증금이 이동해야 하므로 이사가 마무리될 때까지 마음을 졸이게 된다. 하나가 펑크 날 때의 파문은 상상하기조차 두렵다. 폭설이나 폭우 속에서도 이사가 강행되는 이유는 여러 건의 이사가 톱니바퀴처럼 맞물려 있기 때문이다.

외환위기가 찾아온 후에는 역전세난까지 겹쳐 제때에 전세보증금을 빼지 못하는 이변이 속출했다. 이를 해소하기 위해 전세금반환지원자금이란 것이 급하게 조성되기도 했다.

인구이동률의 하향추세 속에서 경기도 인구는 1,209만 명으로 1,200만 명을 넘어섰다. 반대로 서울시 인구는 1,019만 명으로 2년 연속 줄어들었다. 경기도가 서울의 인구를 추월한 것은 1,000만 명을 돌파한 2003년의 일이다.

수도권 전체 인구는 1년간 14만 명이 늘어난 2,513만 명으로 전국 주민등록인구의 49.3%로 절반에 근접하고 있다.

인구이동은 주택가격 특히 전월세와도 깊은 관련이 있다. 직장이나 학군 이전에 따른 인구이동 이외에 높아지는 가격에 밀려 본의 아니게 외곽으로 또는 행정구역을 넘는 현상은 이제 오늘의 일이 아니다.

특정지역의 인구이동을 유발시키는 것으로 재개발, 재건축을 무시할 수 없다. 규모에 따라서는 주변 주택시장에 적지 않은 영향을 미쳐 새로운 유형의 주택문제를 야기시키고 있다.

2010년 6월 이명박 대통령은 비상경제대책회의에서 "이사를 가고 싶어도 집이 팔리지 않아 불편을 겪거나 갑자기 전세금이 올라

어려움을 겪고 있는 선의의 실수요자들을 살필 수 있도록 주거안정 측면에서 정책을 검토해 달라"고 주문했다. 2개월 남짓해 나온 8·29대책은 이 대통령의 당부를 그대로 정책으로 옮긴 대형에 속하는 대책이었다. 실수요 주택거래 정상화와 서민·중산층 주거안정 지원방안이란 보기 드물게 긴 이름의 8·29대책 〈8월은 부동산 대책의 달 표 참조〉은 이름에 걸맞게 다양하게 구색을 갖추고 있었다.

집을 팔고 집을 사는 과정에서도 살고 있는 집이 팔리지 않으면 이사는 늦어지게 마련이다. 이보다 심각한 것은 새 아파트를 계약한 후 살고 있는 집이 팔리지 않을 때이다. 자칫하면 중도금 연체냐 계약 포기냐 아니면 살고 있는 집을 급매물로 처분하느냐를 놓고 경제는 물론 정신적 피해까지 감수해야 하는 여러 가지 갈림길에 놓일 수 있다.

2012년 주택거래량은 73만 5,414건에 달해 1년 전보다 무려 25.1%나 줄어들며 2006년 이후 최저치를 기록했다.

주택거래의 정상화는 매매나 전월세나 한두 가지의 응급책으로 개선될 간단한 사항이 아니다.

거래의 정상화에 영향을 미치는 변수는 크게는 국제경제에서부터 작게는 개인사정에 이르기까지 셀 수 없이 많다.

주택을 둘러싸고 있는 법과 제도도 한둘이 아니다.

얼마 전부터 즐겨 쓰고 있는 취득세 감면에서 보듯 거래세나 보유세 부담은 정도에 따라서는 주택거래를 늘리는데 적지 않은 장애가 되기도 한다.

　양도세 비과세 요건의 거주의무기간이나 전매제한도 주거이전의 자유를 가로막는 이유 중에 하나로 꼽을 수 있다.

　하나의 주택거래를 가정해 거래에 얽혀 있는 항목을 하나씩 실수요자의 시각에서 점검하다 보면 개선사항을 찾기란 그리 어렵지 않을 것이다.

분양가 고소공포증

지난 1970년대 중반은 주택산업의 태동기로 주택사에선 중요한 시기에 해당된다. 정부의 주택공급 확대정책에 따라 공급주체를 육성하자는 차원에서 주택사업 등록제가 실시되면서 집 장사들이 대거 주택업체로 탈바꿈했다.

이런 추세에 맞춰 주택도 대량생산이 가능한 아파트화가 빠르게 전개됐다.

아파트가 주택의 주력상품으로 대두하면서 나타난 현상의 하나는 입주자를 모집하는 분양공고에 주택가격이 노출된다는 점이다. 분양가격, 즉 새집값의 변화를 누구든지 쉽게 읽을 수 있다는 점이 경우에 따라서는 공포(?)의 대상이 되기도 했다. 물가에의 충격 등을 감안해 정부에서도 무척 신경을 써 온 부문이 분양가격이었다.

택지가격이 올랐거나 국제유가 인상 등으로 건축자재 가격이 뛰었거나 주택단지 내 의무화 시설이 늘어나거나 했을 때 분양가격은 오르게 마련이다. 또 건폐·용적률 인하 등 건축 기준이 까다로워졌거나 세제가 강화됐을 때도 영향을 받는다.

1977년에는 부가가치세 공포가 일었다. 7월부터 새로 짓는 주택에 세전 분양가격에서 토지매입가격을 뺀 금액의 10%를 부과하는 부가가치세는 전용면적 85㎡를 경계로 가격차까지 벌려 놓는 계기가 됐다. 여기에 1차로 건축주의 보존등기 의무화, 토지의 활용도를 좌우해 가격에 민감한 용적률 인하가 겹치는 바람에 주택업계는 11~16%의 분양가 인상요인이 생겨 평당 40만~43만 원이 돼야 한다고 주장했다.

이러한 주택을 둘러싼 여건의 변화로 부가세 시행 이전에 분양된 서울 압구정동의 한양1차와 9월의 신반포 2차아파트와는 평당 가격차가 85㎡ 이하의 국민주택규모에서 8만 원, 부가세 대상인 국민주택규모 초과에서는 14만 원 안팎으로 벌어졌다.

연말에 서울시는 1978년 주택건설촉진책을 마련했는데 이 가운데는 주택공급가격의 상한제가 포함돼 가격에 대한 제재를 암시했다.

1978년 초 서울의 주택시장은 채 한 달도 안되는 사이에 1,000가구 이상의 아파트 3개 단지를 잇따라 두 자릿수 경쟁률로 끌어올릴만큼 열기가 높았다. 여의도에서는 102대 1짜리도 등장했다.

연도별 아파트 분양가 추이

(단위: 만 원)

분양시기	아파트명	평형	평당가	평형	평당가	비 고
77.6	압구정한양1차	32	33	37	33	
9	신반포2차	35	41	50	47	7월부가세시행
78.4	서초동신동아차	33	53	44	57	
10	서초동우성2차	33	70	43	70	분양가상한제
80.9	서초동가든2차	34	90	44	91	
81.4	신반포13차	35	105	47	112	
82.7	대치동미도1차	34	105	46	134	
83.5	개포동현대1차	31	105	46	134	분양가상한제, 채권입찰액 제외
86.11	서초동삼풍	34	126	50	133	
89.3	*옥수동현대	31	127	38	134	
89.11	분당 시범단지1차	33	170	50	186	원가연동제
90.9	*방배동우성	33	362	42	404	원가연동제, 채권상한액포함
91.7	*대방동 대림	33	451	50	523	
92.3	수서1차 삼성	31	439			
	수서1차 현대			48	688	
93.12	잠원동 한신	33	592	50	755	
95.7	*이촌동 건영	33	674			

분양시기	아파트명	평형	평당가	평형	평당가	비 고
00.4	*서초동 삼성	34	709	50	950	분양가자율화
01.6	*문정동 삼성	33	718	53	920	
02.4	삼성동 중앙	32	1,358	58	1,543	
03.4	*도곡동 렉슬	33	1,772	43	1,804	
04.4	*잠실 레이크팰리스	34	1,954	50	2,190	
06.3	판교1차 풍성	33	1,240			분양가자율화, 발코니 확장비 포함
06.8	판교2차 금호			43	#1,855	
06.11	성수동 힐스테이트	35	2,039	45	2,408	
08.10	*반포동 퍼스티지	34	3,073	72	3,193	
09.10	광장동 힐스테이트	34	2,347	47	2,710	분양가상한제, 기본형 기준
12.2	*래미안 도곡 진달래	29	3,017	40	3,144	
	*방배 롯데캐슬 아르떼	33	3,192	76	3,362	분양가자율화, 기본형기준

주, – 아파트 크기와 가격의 일관성을 위해 평형을 기준해 가격표기
   – 서울 강남지역에서 1개 단지에 85㎡(25.7평) 전후의 규모가 포함된
     아파트를 우선해 표본 산정
   – *은 재건축 또는 재개발아파트, 가격은 일반분양 기준
   – #은 채권할인율 38% 가정
   – 반포 퍼스티지는 일반 분양의 중간 가격, 34평형만 발코니 확장비 포함
   – 평형은 분양면적(전용+주거공영)의 소수점 이하를 삭제
   – 가격은 만 원 미만을 반올림, 원가연동제에서는 옵션금액 포함

아파트분양가 역시 빠른 속도로 올라 3.3㎡(1평)당 가격이 2월에 50만 원, 5월에 60만 원 선이 무너졌고 7월에는 70만 원에 근접해 있었다.

드디어 8월에 부동산투기억제종합대책이 발표됐다. 분양가격을 보는 시선이 곱지 않았음은 당연했다. 결국 평당 70만 원을 상한가로 하는 가격통제가 시작됐다. 아파트 입주자 모집공고를 통해서도 일반인들이 분양가 변화를 읽을 수가 있었다.

1979년은 8·8조치에서 시작된 주택경기침체가 지속되고 있었으나 두 차례에 걸친 유가인상으로 건축자재 가격이 뛰어 평당 분양가는 하반기에 최고 75만 원에 이르렀다.

서울시는 1980년 11월 분양가통제를 완화해 전용면적 85㎡ 이하는 90만 원, 85㎡ 초과는 96만 3,000원 내에서 조정하도록 했다. 또 1981년 봄에는 85㎡ 이하를 105만 원으로 책정한 후 10일 만에 신반포13차가 첫 100만 원을 돌파하는 기록을 세웠다.

1982년에는 85㎡ 이하 105만 원, 85㎡ 초과 134만 원으로 상한가가 벌어진 후 수도권 5개 신도시 아파트 분양을 앞두고 원가연동제로 바뀔 때까지 85㎡ 초과의 분양가 상한선은 7년 동안 변함이 없었다.

그러나 1983년에는 아파트분양에 국민주택채권입찰제가 도입돼 분양가 상한선과는 달리 아파트 인기에 따라 채권액이 달라지는 소위 변동하는 제2의 분양가를 추가로 부담해야 했다. 85㎡를 초과하는 대형 아파트 위주로 분양가를 현실화해 분양가격을 초과하는 부분을 국민주택채권으로 흡수해 임대주택 건설 등의 자금으로 활용한다는 게 채권입찰제의 도입 명분이었다.

그러나 당첨여부를 분양가가 아닌 채권매입액 순으로 가리기 때문에 아파트분양을 돈 싸움으로 둔갑시켰으며 배(분양가)보다 더 큰 배꼽(채권입찰액)이란 기현상을 초래하기도 했다.

1989년 4월 재개발아파트인 서울 옥수동 현대아파트는 평균 47대 1의 경쟁률 속에 37평형에서 1억 1만 원의 입찰로 첫 1억 원을 돌파하는 기록을 빚어냈으며 이 기록은 수도권 5개 신도시에서 채택한 원가연동제 아래서는 상한액으로 바뀌게 하는 계기를 만들었다. 분당신도시 시범단지 1차분양에 135㎡(40.8평)초과에는 지하 주차장 건설비와 선택 사양비를 합친 분양가 평당 186만 원 위에 70만 원의 채권상한액이 얹혀졌다.

분양가상한제로 중단되다시피 한 서울지역 아파트들은 원가연동제가 분양의 숨통을 터줬으나 분양가의 발 빠른 상승과 채권상한액의 상향조정으로 주택수요자의 실질부담은 크게 늘어났다.

1992년 3월에 분양된 서울 수서 1차 57평형의 경우 옵션을 포함한 3.3㎡ 당 379만 원에 채권상한액 401만 원을 합쳐 당첨최고가가 780만 원으로 치솟으면서 주변 아파트 시세에 접근하는 이변을 낳기도 했다.

원가연동제 아래서는 분양가의 신고가 행진이 주로 재건축아

지난 1992년에 분양된 서울 수서아파트가 공사 중에 있다. 이 아파트는 재권상한액이 옵션을 합친 분양가격보다도 높아 분양가상한제 속의 이색 사례로 꼽히고 있다.

파트에서 나타나고 있었다. 채권입찰제는 외환위기가 일어난 후 1999년 7월 폐지되고 분양가는 자율화됐다.

아파트 평당 가격이 크기에 관계없이 1,000만 원을 넘어선 것은 자율화조치 4년째인 2002년의 일이다. 가파른 가격상승을 초래한 분양가 자율화는 제2의 상한제를 불러오고 말았다. 이는 분양가를 높게 책정한 업체를 국세청에 통보해 인하를 압박하고 이에 불응하면 세무조사를 하는 전근대적인 주택가격 안정대책이 동원됐다.

2004년 잠실 재건축아파트에서 평당 2,000만 원짜리가 출현했는데 이 아파트 분양을 전후해 분양가를 평당 1,900만 원대로 책정한 곳이 많아 눈치 보는 분양가라는 지적을 받기도 했다. 분양가 눈치작전은 서울지역 아파트 동시분양이 막을 내리는 2005년 까지 계속됐다.

2006년은 유명한 판교신도시의 해였다.

아파트 분양가격을 낮추기 위해 용적률을 높여 1만 가구를 더 짓는다는 판교아파트는 요란한 분양행사가 아닌 분양가격에서 불 똥이 튀었다. 7년 만에 부활된 채권입찰제가 택지에까지 확대된 데 다 주변 아파트 시세의 90% 수준까지 접근시켜 분양가와의 갭을 국민주택채권으로 채운다는 가격구조로 분양가격이 짜여졌다. 이 해 3월 공공택지에 짓는 아파트 표준건축비가 85㎡ 초과의 경우 평당 369만 원으로 고시될 때만 해도 실질분양가는 채권손실액을 합쳐도 평당 1,600만 원 안팎으로 예상됐었다. 그러나 5개월이 지 난 후 실제부담액은 채권손실액을 합쳐 1,814만~1,838만 원으로 200만 원 이상 격차가 벌어졌다. 엎친 데 덮쳤다고 곧이어 은평 뉴 타운의 10월 분양발표가 나왔는데 평당 분양가는 34평형이 1,151 만 원, 가장 큰 65평형이 1,523만 원으로 높게 책정됐다.

그렇지 않아도 판교발 주택 가격상승 움직임이 크게 번지고 있 는 판국에 서울 강북권과 경기 북부지역의 집값까지 가세하는 꼴 이 되자 서울시가 분양가를 올려 집값상승을 부채질한다는 비난이 쏟아졌다. 서울시장은 서둘러 아파트분양을 취소하고 건축공정이 80% 이상 진척된 뒤에 후분양을 실시하겠다고 발등의 불을 껐다.

집값은 11월 한 달 동안 전국 평균이 3.1%나 올랐다. 1990년 4

월 이후 최고의 월간 상승률로 기록됐다. 서울은 송파 7.7%, 강동·은평·노원구가 5% 이상 오르는 등 평균 4.8%로 신기록의 해인 1990년 2월 이래 최고의 상승률을 나타냈다.

한술 더 떠 경기도는 6.9%로 서울을 앞질렀다. 과천 15%, 구리 14.8%, 수원 영통 13.4% 순으로 폭등세를 보여 아파트 분양가 상승이 일으킨 가격폭등을 실감케 했다.

수도권 주택시장이 과열을 빚자 정부는 11·15 부동산시장안정화 방안을 내놓았다. "앞으로 4년간 수도권에만 연평균 36만 4,000가구로 주택물량을 대폭 늘리고 택지개발 기간을 최고 2년 6개월 앞당긴다는 조기공급 확대 방안이었으나 핵심은 번지고 있는 분양가 인상 충격을 해소하기 위해 공공택지에 지을 아파트의 분양가를 15~25% 인하하는 데 있었다. 소 잃고 외양간 고치는 격이었다고 할까.

2개월 뒤 2007년 1·11 부동산시장안정을 위한 제도개편 방안도 11·15 대책의 후속조치로 분양가 인하에 초점이 놓여졌다. 이 대책에는 민간택지에 짓는 주택까지 확대하는 분양가상한제, 원가공개가 포함됐다.

채권입찰제 또한 재개발·재건축·주상복합아파트에서 전용면적 85㎡를 초과하는 민간아파트까지 망라했으나 채권상한선은 주변 주택시세의 90%에서 80%로 낮춰 맞추는 게 고작이었다.

아파트분양가는 2008년 가격자율화 속에서, 2012년에는 상한제 아래서 각각 평당 3,000만 원 고지를 넘어섰다. 초대형 아파트는 이보다 빠른 2003년에 이미 이 기록을 세웠다.

아파트분양가 상한제는 주택산업과 거의 궤를 같이 하는 장수제도이다. 원가연동제 등으로 이름과 내용을 달리할 때가 있었는가 하면 세무조사 등의 살벌한 분위기를 느껴야 하는 분양가자율화가 있었을 뿐이다.

집은 집값이 올라야 지어져 왔다는 주택사가 말해주듯 분양가격은 주택공급의 열쇠를 쥐고 있는 최대의 변수라 해도 과언은 아니다. 공급과 물가를 자극하는 양면성을 가진 분양가격의 상한제가 공급을 저해하는 장본인이 되고 수급불균형이 결국 물가상승에 영향을 준 과거의 경험에 비춰볼 때 상한제의 폐지는 늦은 감이 없지 않다.

그러나 분양가상한제 폐지 효과가 땅값 상승에서 먼저 나타난다면 상한제가 풀지 못한 주택의 품질제고와 다양한 유형의 주택공급을 기대할 수 없게 된다. 상한제 폐지에 맞춰 땅값 상승에 주는 파장을 최대한 줄일 수 있는 보완장치가 필요한 것도 이 때문이다.

분양가 상한제를 자초한 1978년 상반기와 외환위기 후의 분양가자율화 때 나타난 분양가 폭등을 상기할 필요가 있다.

또 신도시의 건설 규모를 축소해서라도 지속하는 방안도 도시지역의 재개발·재건축에서의 분양가 인상 압력을 어느 정도 견제하는 기능을 수행할 수 있어 효과적일 것이다.

12 집값은 땅값이다

하나의 건물에서 상가면적이 주거면적보다 크면 상가로, 반대이면 주택으로 불리운다. 면적이 넓은 쪽의 기능을 살려 이름이 붙여진다. 그러면 면적이 아닌 가격을 기준으로 삼는다면 어떠한 일이 생겨날까? 가격이 더 현실적인 작명기준이 될 수도 있다.

주택에서 건물값보다 땅값이 더 나갈 때 과연 집값이라고 부르는 것이 정확한 표현일까?

건물가격을 산출할 때 대지면적과 건축면적을 합한 숫자에 단위당 가격을 곱해 산출하는 방식이 유행한 적이 있었다. 이 방식은 서울지역의 경우 1970년대 후반 단독주택에서 시작돼 1980년에는 여관이나 소규모 빌딩으로 옮겨갔다. 이는 단위당 땅값과 건물가격이 같다는 것을 의미한다.

아파트는 단독주택이나 연립주택에 비해 용적률이 높아 특히 땅값수준이 높은 도시지역에서 주력상품이 된 지 오래다. 그런 아파트에서도 건축비보다 땅값 상승률이 더 높아 분양가에서 점하는 땅값 비율이 빠른 속도로 올라가고 있다.

1982년 한국토지주택공사의 전신인 주택공사가 짓는 5층짜리 연탄온돌 아파트의 경우 분양가에서의 택지비 비율은 7개도시 평균이 18.4%로 20%를 밑돌았다. 1981년 개발이 시작된 서울개포지구 아파트에서는 23.8%를 차지했다.

이 무렵 12층 전후의 중앙난방식 아파트는 분양가 평당 105만 원짜리에서 25% 정도가 땅값이었다.

이어 1기 수도권 5개 신도시 가운데 1989년 11월 첫 분양에 나선 분당시범 1차아파트는 택지비율이 18평 이하가 31.5%, 가장 면적이 큰 40.8평 초과가 채권상한액을 제외하고 32.7%를 각각 차지해 30%를 웃돌았다.

당시 주택가격 폭등을 막기 위해 시도된 수도권 5개신도시 건설은 아파트분양에 앞서 토지수용, 택지분양 단계에서부터 심한 진통을 겪었다. 신도시 택지가격이 아파트를 소규모로 지을 수 있었던 주변지역보다 더 높아져 주택업체들이 택지매입을 꺼려 계약포기 사태까지 번지기도 했다. 이런 땅값 변화는 주변지역 땅값에도 곧바로 영향을 주었다.

신도시건설은 1981년에 주택대량공급기지로 도입된 택지개발지구 방식으로 추진되지만 도시기반시설에 투입될 비용이 땅값에 얹혀져 최종상품인 아파트 등의 가격에 전가되어 결국 입주자 부담을 키우는 가격구조로 되어 있었다.

따라서 땅값이 부풀려져 다시 주변지역의 땅값인상을 부추기는 악순환이 지금까지도 신도시건설이 해결하지 못한 최대의 약점으로 꼽히고 있다.

신도시 처방이 1기 5개 신도시 건설계획이 있은 후 10년을 건너뛰어 다시 나온 것도 바로 그 때문이었다.

2006년 분양된 판교신도시 아파트에서는 중대형의 경우 분양가에서 차지하는 택지비의 비율이 60%를 넘어서는 기록이 세워졌다. 높아지는 택지비 비율은 신도시마다 건설계획을 처음 발표할 때 그려낸 저밀도 전원형, 친환경 생태도시, 최고의 녹지비율 등의 솔깃한 청사진을 여지없이 일그러지게 만들고 있다.

판교신도시는 분양가격을 낮추기 위해 용적률을 높여 당초 계획보다 50%나 많은 2만 9,350가구를 짓기로 했지만 아파트를 지을 땅에까지 채권입찰제를 실시하는 바람에 땅값이 더 뛰어 택지비 비율이 높게 나올 수밖에 없었다.

서울지역은 판교신도시보다 2년 앞선 2004년 잠실 재건축아파트에서 65%짜리가 나온 것이 첫 60% 돌파 기록이었다.

민간택지에 짓는 아파트로는 첫 번째로 2009년 분양가상한제가 적용된 서울광장 힐스테이트는 기본형 분양가격에서 택지비의 비율이 75%를 나타냈다.

2010년 후분양 방식으로 나온 재건축아파트인 그레이튼에서는 이 비율이 75.6%로 더 올라갔다. 이 무렵 보급에 활기를 띄기 시작했던 도시형생활주택의 경우 서울 관악구에서 짓고 있던 100가구 이상의 규모에서도 땅값비율이 3분의 2를 넘어섰다.

소형주택이 서민주택이란 공식도 깨지고 있다. 낮은 분양가격이 낮은 평당 가격을 뜻하는 것은 아니기 때문이다.

재건축아파트의 일반분양가격이 평균 평당 3,000만 원을 훌쩍 넘어선 2012년에는 80%를 넘는 사례도 나왔다. 2월에 분양된 래미안 도곡진달래의 경우 81.8%에 달했다.

위례신도시의 첫 민간아파트로 8월에 나온 송파 푸르지오는 58.7%였다. 또 12월에 분양된 동탄 신도시 2지구는 대부분 택지비 비율이 50%를 밑돌았지만 85㎡ 이하의 국민주택규모 아파트 1층에서 50%를 넘는 사례가 나타났다.

선택사양이나 발코니 확장비 또는 채권입찰액을 합치면 총 부담액에 대한 택지비 비율은 낮아지지만 이는 그만큼 실질 분양가격이 높아졌음을 뜻한다.

주택사업이 재건축을 막론하고 용적률 높이기에 사활을 거는 것도 땅값부담을 덜어 경쟁력을 높이려는 고육지책으로밖에 볼 수 없다.

땅값 자체가 낮아지지 않는다면 분양가를 낮추기 위해서도 건물 부분이 획일적인 디자인에서 벗어나거나 획기적인 품질 제고를 기대하기는 어려운 실정이다.

분양가격이 자율화되면 분양가격이 옛날처럼 다시 빠르게 오를 수밖에 없다는 전망도 이 같은 가격구조가 땅값을 먼저 자극할 가능성을 높여주지 않을까 하는 우려 때문이다.

이제는 대도시지역에서 집을 산다는 표현은 현실적으로 맞지 않다. 땅을 사는데 건물이 끼어있을 뿐이다.

머지않아 집값이란 말은 사라지고 땅값이 이를 대신할지도 모르겠다.

13

반값 아파트는 없다

　지난 1992년 대통령선거 며칠을 앞두고 국민당 대표로 대통령 후보에 나선 故 정주영 전 현대그룹 회장은 "아파트 가격을 반드시 반값에 공급하겠다"고 새 공약을 발표했다. 이것이 최근까지 번지고 있는 반값 아파트 시리즈의 효시가 된다.

　故 정 회장은 당시 땅장사로 비난의 대상이 된 택지공급체계를 개선하고 채권입찰제 등 실패한 정책을 시정하여 집권 2년째부터 선보이겠다는 것이 반값 아파트의 공급공식이었다. 이때 전 재산을 헌납하는 한편 도로도 2층으로 만들어 교통지옥을 없애겠다는 공약도 함께 내놓았다.

　솔깃했던 '반값 아파트'는 대선이 끝나자 곧 시중에서 사라져 끝난 것처럼 보였지만 그로부터 14년이 흐른 후 노무현 정부 때인 2006년 다시 등장한다.

청와대가 반값 아파트를 검토하고 있다는 소식과 함께 한나라당에서도 이의 추진을 당론으로 채택한다.

이때의 주택시장 분위기는 판교 신도시와 은평 뉴타운 아파트를 진원지로 한 분양가 파문이 기존 주택가격의 상승으로까지 번지자 발등의 불을 끄기 위해 11·15 부동산시장 안정화 방안까지 동원된 후여서 극히 불안정한 상태였다. 방안에는 향후 4년간 수도권에 주택공급을 대폭 늘리고 신도시의 택지개발기간을 앞당기는 것 등이 들어 있었으나 핵심은 공공택지에 짓는 아파트의 분양가를 적게는 15%, 많게는 25%까지 내린다는 데 있었다.

고분양가에 놀란 시장을 저분양가로 치유할 수밖에 없는 절박했던 상황이 반값 아파트를 다시 출현시킨 배경이 됐다.

새 반값 아파트는 땅은 빌리고 건물만 매각하는 방식의 토지임대형과 땅과 건물을 시중가격보다 싸게 공급하는 대신 나중에 팔 때는 대상을 공공기관으로 한정시키는 환매조건형 두 가지로 압축됐다. 그러나 정당 정부부처는 물론 정부산하기관까지 장단점을 싸고 거센 공방이 벌어지는 등 산통은 컸다.

정부는 당시 상황을 감안해 분양가를 낮추고 집값을 안정시킬 수 있다면 어떤 부작용을 감수하고서라도 추진해야 할 다급한 입장에 놓여 있었다.

연말 가까이 열린 당정 부동산특별위원회 2차 회의는 반값 아파트를 2007년 공공택지에서 시범적으로 도입하기로 결론을 냈다. 이듬해 4월 국회는 토지임대부, 환매조건부 아파트의 공급근거를 규정한 주택법 개정안을 처리한다.

10월에는 반값 아파트가 첫선을 보였다. 군포 부곡지구에 들어서는 2개 유형 804가구의 아파트가 바로 그것이었다. 토지임대형 주택은 74㎡(22.4평)짜리가 분양가 1억 3,479만 원에 최초 토지사용료 월 37만 5,000원, 환매조건형 주택이 분양가 2억 1,814만 6,000원이었다. 청약결과는 2순위까지 합쳐 74명이 신청하는데 그쳤다.

설익은 작품 반값 아파트에는 곧바로 백지화하자는 소리가 뒤따랐고 주택시장에서 완전히 퇴출되는 듯했다.

2008년 1월 대통령직 인수위원회는 분양가의 4분의 1 현금만 가지면 분양받을 수 있다는 지분형 분양아파트제도 도입을 검토했다. 이는 51%의 지분을 갖는 실수요자와 49%를 보유하는 투자자가 공동으로 분양받도록 하는 방식이었다.

2009년 1월 오산 세교지구에서는 분납형 임대아파트 832가구가 입주자모집에 나섰다. 신혼부부·3자녀 특별공급 275가구에는 54명만이 신청했다. 이 아파트는 집값의 30%를 초기분납금으로 내고 입주 후 월임대료와 함께 4·8년 차에 각각 20%를 지불하는 중간분납금, 10년 후에 나머지 30%의 최종 분납금을 내면 비로소

소유권을 갖게 된다. 다만 생업상의 이유로 이사하는 경우를 제외하곤 주택공급계약 체결이 가능한 날부터 5년간 전매제한조치가 주어졌다.

2011년에는 서울 서초 보금자리주택지구에서 토지임대형 분양주택이 또다시 나왔다. 이 주택은 건물만 분양하고 택지는 입주자에게 40년간 임대하는 방식이다. 40년 후에 입주자들이 원할 경우 토지소유자인 한국토지주택공사의 동의를 받아 계속 거주하거나 재건축이 가능하도록 하면서 거주의무기간 5년에 전매제한 5년을 부대조건으로 달았다. 분양결과는 입지 여건이 좋아 특별공급 140가구가 4.8대 1, 일반 공급 148가구가 8.5대 1의 경쟁률을 보였다.

지금까지 등장한 사례로 알 수 있듯이 반값 아파트는 토지임대형 분양주택이 대표격이다. 건물만 분양하고 땅값은 매달 임대료로 지불하는 방식임을 감안할 때 반값 아파트보다는 '반분양아파트'가 더 어울린다. 실수요자로서는 소유만 했지 자금지출 면에서는 '보증금+월세' 형태의 반전세 범주를 벗어나지 못하고 있다.

제대로 된 반값 아파트는 땅값을 낮추고 택지에까지 확대된 채권입찰제 등 실질적인 분양가 인상요인을 제거하는 방안이 이름에 어울릴 것 같다. 따라서 진짜 반값 아파트는 1992년에 故 정 회장이 내놓은 공식이 정답이라 할 수 있다.

수도권 집값을 들뜨게 만든 2006년 판교쇼크의 장본인이 퇴출 7년 만에 재등장한 채권입찰제였다는 사실 하나만으로도 반값 아파트에 접근하는 방향이 잘못돼 있음을 입증해 주고 있다.

무늬만 반값 아파트인 가짜 반값 아파트는 서민들만 서운하게 만들 뿐이다.

반값 아파트는 새로 짓는 아파트로 국한시켜 보았으나 실제는 엉뚱하게도 기존 주택에서 먼저 나타나는 기현상을 보이고 있다. 집값이 뛰었던 2006년 이후 수도권 일부 지역에서는 시세가 거의 반토막 나는 진짜 반값 아파트가 등장해 침체된 주택시장의 한 단면을 보여주기도 한다.

세금이 집값을 올린다

주택거래 활성화 대책의 일환으로 취득세 감면조치가 자주 동원되고 있다.

최근에는 2012년 하반기에 약 100일 동안 지속된 취득세 감면조치가 연말로 종료됐다가 새해 들어 또다시 감면 재추진 움직임이 일어난 후 다시 연장됐다.

취득세는 9억 원, 다주택 여부에 따라 감면일 때 1~3%, 원상복구가 되면 2~4%를 각각 적용 받는다.

감면이 되어도 주택이 한 번 거래될 때마다 붙게되는 취득세 1~3%는 결코 적지 않은 금액이다. 또 하나의 집값 상승요인이 되기에 충분하다.

주택경기를 살리는 데 취득세 인하가 약방의 감초처럼 끼는 것을 보아도 부담 절감 효과가 어느 정도인지 미루어 짐작할 수 있다. 주택매매에 따른 부담이 가중된 것은 세금의 부과기준이 되는 과표가 실거래가격으로 현실화된 데서 기인한다. 과표현실화는 부동산 투기를 잡거나 과열된 경기를 진정시키는 데 세율 인상조치와 함께 곧잘 등장하는 강력하고 오래된 무기이다. 세금을 무겁게 매기기 위한 과표현실화는 실거래가에 어느 정도 과표를 접근시키느냐에 따라 위력이 달라지게 마련이다.

과표를 시가에까지 끌어올리는 과표현실화는 양도소득세의 전신인 부동산투기억제세가 토지를 겨냥했듯이 땅에서 먼저 시도됐다. 1970년대 땅값이 치솟자 국세청은 토지과열투기지역에 당시 과표인 부동산시가표준액을 수시 고시하는 수법으로 맞섰다.

1988년 2·5 부동산대책강화 방안에서는 토지거래허가제를 확대하면서 특정지역 과세기준 시가를 실거래가에 맞도록 조정하고 당시 건설부의 기준시가에 일정 기간의 땅값 변동률을 더한 표준지가보다 20% 이상의 시세이면 거래를 불허했다. 시가의 40% 수준인 재산세과표도 연간 1회 조정에서 수시 조정으로 강화했다.

1999년 세제개편에서는 고급주택의 양도세 강화방침에 따라 고급주택의 기준이 종전의 기준시가에서 거래가격 6억 원 이상으로 바뀌었다.

2002년 1·8 주택시장 안정대책에 따라 국세청은 집값이 크게 오른 서울 강남지역의 재건축 추진 95개 아파트단지에 수시고시제를 들고 나왔다. 이어 10·11 부동산·증시·가계대출에 대한 종합대책은 집값이 크게 오른 지역을 소득세법상의 투기지역으로 지정해 실거래가액으로 과세하고 양도세율을 9~36%에 최고 15% 포인트의 탄력세율을 추가했다.

2003년 청와대 정책실에 설치된 빈부격차 차별시정 기획단은 재산세와 종합토지세의 과표현실화율을 당시 30% 초반에서 50% 수준으로 매년 3% 포인트씩 높여 나가기로 했다. 이 무렵 노무현 대통령은 집·부동산값 안정대책과 관련해 보유세 인상과 과세표준 현실화를 적극 검토하라고 지시한다. 이에 따라 부동산보유세 개편방안이 발표된다. 내용인즉 2006년 종합부동산세를 신설하고 토지과표적용률을 공시지가의 50%로 법정화하고 건물도 국세청 기준시가로 과표를 현실화한다는 것이었다.

종합부동산세 도입으로 모든 집값은 시가로 공시되는 주택가격 공시제도가 도입돼 기준시가, 시가표준 등이 사라지게 된다.

과표현실화에 반발도 일어났다. 서울지역의 재산세가 최고 7배나 올랐을 때 전년에 비해 50% 이상 못 올린다는 서울시와 인상안대로 추진하겠다는 행정자치부 간에 재산세 충돌이 바로 그것이다. 결국 행자부가 재산세 인상 폭을 낮춰 대립은 일단락된다.

1978년에는 각종 공과금 시비가 크게 번진 적도 있었다. 기존 주택을 놔두고 새로 입주하는 아파트에 공과금 채권매입 등의 기준이 갑자기 분양가격으로 바뀌는 바람에 입주자들이 여기저기서 들고 일어났다. 결국 소송으로 번져 대법원이 아파트 최초분양자에 대한 세금은 내무부 시가표준액 기준이라고 판결한 후에야 조용해졌다.

1994년 당시 내무부에서는 건물은 시가표준액, 토지는 공시지가로 각각 과표를 바꾸어 거래세과표를 단일화했다. 그런데 거래세인 취득세 등록세(2011년 부터 취득세로 흡수)의 과표 변경에는 엉뚱한 사건이 도화선을 만들었다. 이해에 터진 지방세 횡령사건이 그것이었다. 인천 북구청에 이어 부천에서도 발각된 세금 횡령사건은 전국의 시·군·구 269곳에 대한 세무특별감사로 확대될 정도로 파장이 컸다.

지방세 횡령사건은 당시 과표가 실제취득가격, 신고가액, 과세시가표준액으로 3원화돼 있는데다 기업의 비업무용 판정기준이 모호해 납세자와 공무원의 결탁으로 비리 발생 소지가 많은 점을 시정해 과표는 단일화되고 비업무용 토지의 유예기간은 3년으로 늘어나게 된다.

과표 잇따라 현실화

매매거래에서 가장 민감한 부문은 가격이다. 특히 세금과 직결돼 거래 쌍방이 모두 노출을 가장 꺼리는 게 거래가격이다.

2004년 개정된 주택법은 거래신고제를 도입했다. 이 제도는 주택투기지역 가운데 한 달에 집값이 1.5% 이상, 또는 3개월 동안 3% 이상 오르면 주택거래신고지역으로 묶고 신고지역에서 집을 사고 팔 때 계약 후 15일 이내에 거래내용을 관할 시·군·구에 신고토록 했다. 대상은 18평 이상의 아파트와 45평 이상의 연립주택인데 재개발·재건축 추진지역의 공동주택은 예외 없이 모두 포함됐다. 첫 번째 신고지역으로는 서울 강남·송파·강동 3개 구와 성남의 분당구가 선정됐다.

새 제도의 출현은 매매거래 중단이란 과도기를 불러와 주택가격 하락에 일조를 했다. 이 제도는 신고지역 선정에 문제점이 제기된 데다 건설경기 연착륙, 지방경제의 활성화 방안으로 지방의 투기지역, 투기과열지구의 선별적 해제요청이 늘어나자 시·군·구 단위에서 읍·면·동으로 세분화된다.

2005년에는 부동산중개업법이 개정돼 실거래가의 신고가 의무화된다.

2007년 여당의 정책위원장은 "종합부동산세 양도소득세 때문에 집값이 올랐다. 세금을 올려도 주택공급이 모자라 가격이 올라갈 것 같으면 세금이 집값을 올리는 역할만 하는 것"이란 호된 지적이 나왔다.

부동산시장에서 세금을 가장 두려워했던 만큼 과표현실화가 모든 것을 해결해 주는 열쇠 중에 하나로 부각돼 온 것은 사실이다.

과표가 현실화만 되면 투기도 잠재워 부동산시장이 정상을 되찾을 것으로 보았다.

그러나 실제 거래가격으로 바뀐 과표현실화는 특히 거래세에 무거운 부담을 안겨 주택시장의 커다란 변수로 떠올랐다.

한편으로는 주택거래에 장애가 되고 또 한편으로는 주택경기가 나아질 때 집값 상승을 부추길 수 있는 두 얼굴을 갖게 됐다. 집값에 세금이 거품으로 작용할 가능성을 더욱 높여 주는 셈이다.

그동안 주택경기가 침체의 늪에 깊이 빠졌을 때 즐겨 찾던 취득세 인하조치는 그때마다 인하발표와 실제 적용시기와의 시차 때문에 주택거래를 오히려 마비시키는 부작용을 일으키곤 했다. 시한부 감면조치 때마다 겪는 주택시장의 되풀이되는 혼란을 막고 거래의 원활화를 위해서도 거래세 문제는 생색내기 시한부 감면차원이 아닌 완전인하로 풀어야 할 시급한 과제의 하나이다.

취득세의 감면 반대로 지방자치단체의 세수부족이 거론되곤 했으나 이는 세수부족 때문에 주택거래가 타격을 받아도 된다는 말과 같은 궁색한 변명에 지나지 않는다.

투기와 전면전을 펴는 비상시기가 아니라면 과표가 오르면 세율은 내려야 형평이 맞는 게 아닐까.

금리가 내리면
전세금이 오른다

전세가 주류를 이루고 있는 임대주택시장에 변화가 일고 있다. 고금리체제의 산물인 전세가 계속되는 금리인하로 월세에 잠식되면서 시장은 물량재편성에 따른 가격변화를 수반하고 있다.

고금리 아래서의 전세는 주택소유자에게 보증금 형태의 적지 않은 자금을 재활용할 수 있게 만든다는 것이 두드러진 장점이다. 보증금으로 또다시 작은 집을 사고 하는 재투자 방식의 다주택이 한때 유행하기도 했다. 집값이 계속 오르는 부동산 경기 호황 국면에는 이같은 다주택 늘리기가 재테크로는 따라올 만한 게 없을 정도였다.

금리가 내리면서 월세가 늘어나고 있으나 월세를 연금으로 간주해 특히 소형주택에 투자하는 사례는 오래전부터 있어 왔다. 2주택 이상의 주택소유는 집값 상승이 최우선이지만 집값이 제자리걸음을 할 때 월세는 수익을 올리는 차선책이 된 지 오래다.

금리는 매매는 물론 임대주택시장에서도 빼놓을 수 없는 변수의 하나이다. 지난 1982년 가을 이사철에는 주택전세가격이 비슷한 사례를 찾아보기 어려울 정도로 급등했다. 대규모로 주택이 멸실돼 인구의 대거이동과 같은 눈에 띄는 변화가 없었는데도 짧은 기간 동안 빠르게 전세가격이 치솟은 것이다.

당시 건설부가 국회에 제출한 9월 25일 조사시점의 부동산 가격 동향에는 서울, 부산, 대구, 인천, 광주, 대전 등 6대도시의 매매가격이 단독주택은 1.9%, 아파트는 7.9% 각각 오를 것으로 나타났다. 그런데 전세는 단독주택이 24.2%, 아파트가 42.7%나 폭등해 매매가격 상승률과는 비교가 되지 않았다. 불과 1년도 안되는 기간임을 감안하면 올랐다기보다 뛰었다는 표현이 더 어울릴 것 같다.

이 동향조사에서 전세가격은 여느 해처럼 연초부터 매매가격과 같이 오름세를 탔으나 특히 9월 들어 껑충 뛴 것으로 나타났다.

전세가격 폭등의 주범은 금리인하였다.

당시 정부는 침체된 경기의 활성화를 국정의 최우선순위에 두고 부양책과 함께 꾸준히 금리인하를 추진해 왔다.

1981년 11월에 막을 올린 금리인하 조치는 1981년과 1982년에 각각 3차례나 단행돼 이 분야에서 새 기록을 수립했다. 특히 6번째 6·28 금리인하는 인하 폭이 무려 4% 포인트에 달해 예금금리를 연 8%, 대출금리를 연 10%로 끌어내렸다. 6차에 걸친 금리 인하폭은 예금이 11% 포인트, 대출이 10% 포인트나 돼 경제에 주는 영향은 적지 않았다.

6차 금리인하는 이날 발표한 투자촉진을 통한 경제활성화 대책의 일환이었는데 금리인하 외에 1983년부터 법인세율을 33~38%에서 20%로 대폭 낮추며 1,000개 이상의 우량 중소기업을 선정해 시설·운영자금을 지원한다는 내용도 포함돼 있었다.

경제를 살리기 위해 저금리시대로 접어들었다는 6·28 금리인하의 첫 반응은 증권시장에서 나타났는데 상한가 일색으로 전광판이 붉게 달아올랐다.

불과 8개월 동안 진행된 금리의 반 토막 행진은 주택시장, 특히 임대시장에도 큰 반향을 불러 일으켰다. 다가오는 가을 이사철을 앞두고 임대주택시장에서 전세물건의 상당수가 월세로 전환되면서 전세물건의 갑작스런 감소를 가져온 것이다.

이사철만 되면 가뜩이나 만성적인 공급부족으로 동요하는 전월세시장에 종래의 균형이 깨진 것이 전세가격을 부추긴 주요인으로 떠올랐다.

주택시장은 1988년부터 3년 동안 매매 전세 모두 두 자릿수의 인상률을 기록한 후 집값의 하락·약보합세에도 전세는 꾸준히 오름세로 일관했다.

외환위기로 고금리가 기승을 부렸던 1998년 매매와 전세는 두 자릿수의 동반하락이 있었으나 전세가격은 1년 만에 두 자릿수 상승으로 돌아서며 매매가 상승률을 앞질렀다.

1년간 4차례의 금리인하 조정이 있었던 2001년에도 월세 전환 붐이 일었으며 전세가격 상승률도 2000년 이후 가장 높게 나타났다. 2004년의 바닥을 거쳐 2008년 기준금리는 연 5.25%를 기록한 뒤 거의 내리막길을 걷고 있다.

비상경제상황 회의에서 한 달에 3차례나 '서민'이 들어간 대책이 쏟아진 2009년의 8월은 기준금리가 2.25%일 때로 결코 우연은 아닐 것이다.

이들 대책 가운데는 무주택 근로가구주가 내는 월세의 40%를 소득공제해 주고 전월세의 대체수요가 되는 오피스텔의 공급확대를 위한 난방금지면적크기 완화, 전세자금 규모와 전세대출 보증한도의 확대 등이 도시형생활주택, 보금자리주택의 공급확대 방안과 함께 포함돼 주택임대 사정이 어느 정도 심각한지를 대신 말해주었다.

서울시도 전세금안정화 대책으로 대규모 주택멸실이 예상되는 재개발·뉴타운 사업지역에 대해 최대 1년까지 사업시기의 완급을 조절하는 방안까지 내놓았다.

2010 주거실태조사 결과 순수 월세와 보증부 월세의 비율은 2

년간 3.18%포인트가 오른 21.43%에 달해 20%를 처음 넘어섰다.

2012년의 19대 총선, 18대 대선에서도 주거복지정책으로 전세제도의 개편, 전월세 상한제 도입, 임대차계약 갱신권 부여, 월세 전환율 인하 등 과거에 유례를 찾기 어려울 정도로 주택임대문제의 해법들이 거론되기도 했다.

최근의 전월세 사정은 2011년 다시 전세가격 상승률이 두 자릿수로 올라선 만큼 호전되지 않고 있다. 2008년 이후 3년간의 공급부진과 시중금리의 인하가 겹쳐 전세에서 월세로의 전환에 좋은 여건이 조성되고 있다.

그러나 아직 소득대비 월세의 비율이 상대적으로 높아 전세의 월세화에는 한계가 있어 절충형인 보증부 월세가 월세의 주력으로 자리매김할 것으로 전망된다.

인구정책과 특별 분양

출산을 장려하는 쪽으로 인구정책이 바뀐 것은 불과 10년 정도 밖에 안 된다. 자녀가 많은 가정에 곱지 않은 시선이 쏠린 것도 그리 오래 전의 일이 아니다.

낳지 마라, 더 낳아라 하는 식으로 극명하게 대조를 보인 변덕스러운 인구정책의 중심에는 부동산, 특히 주택이 자리잡고 있었다. 양쪽 모두 주택의 특별분양권을 당근으로 활용했다는 것이 공통점이다.

적게 낳아라로 시작된 인구 억제시책은 1977년 공공주택 우선분양권을 처음으로 내놓았다. 이해에 건설되는 7만 5,000가구의 공공주택 가운데 절반을 불임시술자와 재형저축가입자에게 우선

분양하도록 할당키로 한 것이다.

분양 순위는 다음과 같았다. 1순위가 본인이나 배우자가 불임시술자인 가구로 병·의원, 보건소장의 확인자, 2순위가 가족계획을 해 온 2자녀 이하의 가구, 3순위가 복지예금 또는 재형저축에 월부금 1만 원 이상 가입자로 6개월 이상 불입한 자였다.

국민주택 청약부금제가 생긴 후 만들어진 국민주택 공급규정은 1순위자인 청약부금 6회 이상 50만 원을 불입한 사람 중에서도 해외취업자이며 불임시술자, 불임시술자 순으로 분양 우선순위를 매겼다.

1982년에는 자녀수에 따라 주민세까지 차등과세하는 강력한 인구억제책이 등장했다. 이유인즉 2000년에는 인구가 5,000만 명을 돌파해 심각한 경제 사회문제를 야기시킬 우려가 있어 가족계획의 활성화가 불가피하다는 것이었다.

1983년 7월 29일은 인구가 4,000만 명을 돌파한 날이다. 이와 때를 같이해 우리나라는 인구밀도가 세계 3위지만 산지를 뺀 가용면적 밀도로 따지면 1,198명으로 세계최고라는 인구과잉을 내세우며 2자녀 이하 갖기 운동의 적극 참여를 압박하는 분위기가 무르익어 갔다.

인구억제 종합대책의 하나로 의료보험료를 가족수에 따라 차등화한다는 조치도 나왔다. 또 1자녀만 두고 단산한 가정에 주택자금 우선융자, 그리고 1985년에는 1자녀 단산가정에 공공주택 특별분양권이 주어진다. 보건사회부가 인구증가율을 1%로 낮추는 시기를 당초 2000년에서 1990년대로 앞당겨 인구억제시책을 강화하면서 특별분양권 등을 내놓은 것이다. 전국 규모의 인구·가족계획 사업촉진대회라는 이색 행사도 열렸다.

1985년 4월, 분양에 나선 서울 목동2차아파트는 20평형의 경우 불임시술자에 우선 분양이 실시됐다. 불임시술증에 웃돈이 붙는 촌극도 우선 분양 속에서 빚어졌다.

그 다음 해의 인구억제종합대책에서는 1자녀 출산 후 불임한 가정에는 육아보조비 지급 등의 우대조치가 뒤따랐다.

이로부터 8년이 지난 1994년 인구억제정책은 전면적 재검토로 전환기를 맞게 된다. 2년 뒤에는 30년 동안 유지돼 온 산아제한 위주의 인구정책을 손질해 질적 개선사업에 우선순위를 두고 3자녀 이상에 몰렸던 불이익을 없앤다는 신(新)인구정책이 등장한다.

하지만 21세기에 들어서도 뚜렷한 방향을 찾지 못했으며, 국회에서도 이대로 가면 10년 뒤 인구가 감소 국면으로 접어든다는 주장과 향후 산업구조나 노동시장의 국제화 추세를 무시한 발상이라는 주장이 맞붙어 출산정책이 갈피를 잡지 못하고 있었다.

보건복지부가 출산장려 정책을 적극 추진하는 내용의 '인구 및 가족지원 종합대책'을 마련한 것은 2003년 1월의 일로 이를 대통령직인수위원회에 제출하게 된다. 자녀를 많이 낳는 가정에 출산보조수당이나 세제혜택 등을 주어 1.3명의 출산율을 높인다는 것이 핵심이었다. 자녀출산 시 세액공제 확대, 교육비 경감, 보조금 지급 등의 당근책이 거론됐다.

당정협의를 통해 1차 저출산종합대책이 나온 것은 2005년이다. 3자녀 이상을 둔 무주택자에게 국민임대주택을 우선 공급하며 만 5세 아동의 무상교육지원을 중산층 이상으로 확대하는 게 대책의 골자였다.

이듬해에는 아파트 분양에 특별공급제도가 생겼다. 이로 인해 3 자녀 이상의 무주택가구주에게 물량의 3%가 할당됐고 주택청약관련 예금이 없어도 85㎡ 이상까지 분양받을 수 있게 됐다.

특별분양은 8월의 판교2차 아파트에 첫 적용됐다. 이때는 분양에 경합이 생기면 자녀수를 최우선적으로 인정하며 그래도 순위가 같을 때는 무주택기간, 거주지순으로 당첨의 행운이 가려졌다.

주택청약가점제에서도 가족이 많으면 점수가 높다. 부양가족수 1명당 5점씩, 6명 이상이면 최고 35점을 받는다.

3자녀 이상 무주택가구주에 대한 특별공급은 공공주택에 이어 민간부문에까지 3%에서 5%로 확대된다. 현재 시행 중인 다자녀 특별공급은 과거에 주택을 소유했더라도 입주자 모집 공고일 현재 무주택세대주로 주택청약관련 예·부금·저축에 가입한 지 6개월이 지난 사람이 대상이다.

다만 다자녀 가구 배점이 같을 경우 미성년 자녀수가 많은 사람, 자녀수가 같은 경우 세대주의 연령이 많은 사람 순으로 당첨자를 가린다.

　다자녀 가구에 대한 특별분양이나 주택 우선순위 적용은 때에 따라서는 커다란 혜택이 될 수 있으나 이는 주택의 입지조건이 좋아 분양에 경쟁이 벌어질 대도시와 그 주변 지역에 국한되다시피한 특혜에 지나지 않는다.

　저출산대책의 실효를 높이기 위해서는 특별분양 할당량의 확대, 거래·보유세의 감면 또는 폐지는 물론 가족수가 많아 집을 늘려가는 데 실질적인 도움을 주는 양도소득세 이연제도의 도입, 전매제한 완화 등의 혜택도 뒤따라야 할 것이다.

17 퇴출된 주택보급률

주택 사정을 알게 해주는 지표 가운데 하나로 주택보급률이 있다. 주택보급률은 과거에 장기주택공급계획이 수립될 때마다 끝을 장식해 주는 지표로 곧잘 사용됐다. 이 만큼 지으면 주택보급률은 몇 % 오른다는 식이다.

1998년 출범한 김대중 정부가 마련한 새 정부추진 100대과제 가운데 주택부문은 주택보급률 100% 달성으로 국민주거생활안정이란 슬로건을 내걸었다.

주요내용은 2002년까지 5년 동안 매년 50만~55만 가구의 주택을 건설하는 것인데 여기에는 영구임대주택 10만 가구를 합친 50만 가구의 임대주택도 포함돼 있었다. 목표의 달성을 위해 수도권 주택공급관련 규제완화와 분양가 자율화 확대, 주택저당채권 유동화제도 도입, 외국인에게 주택임대업 개방 등을 추진키로 했다.

5년간의 주택인허가 실적은 연평균 46만 8,000가구로 계획에는 미달했지만 주택보급률은 총 주택수 1,235만 8,000가구로 100.6%에 달해 처음으로 100%고지에 올라섰다. 주택보급률 100%는 꿈의 숫자였다. 역대 정부가 이의 달성을 위해 끊임없이 노력해 왔다. 그동안 주택보급률이 100%를 넘어서면 주택시장이 정상화되고 주택문제가 어느 정도 해결될 것으로 여겼으나 현실은 너무 달랐다.

2002년은 주택보급률 100% 돌파를 무안하게 만들 정도로 집값이 뛰었다. 서울은 22.48%나 치솟았다. 전세가격은 4년 연속 전국 평균 상승률이 두 자릿수를 기록했다. 서민주거생활 안정문제가 발등의 불이 됐다.

이 시기를 전후해 주택보급률이란 지표는 언론보도에서도 자취를 감춰 지표로서의 수명이 끝난 것처럼 보였다.

현실감이 결여됐던 주택보급률은 '신 주택보급률'을 등장시켰다. 그동안 주택보급률이 단순히 가구수와 주택수를 비교했던 방식을 개선해 2006년부터 바꾸게 된다. 여기에는 1인 가구와 비혈연가구를 가구수에 넣는 대신 다가구주택의 주택수를 다세대주택처럼 1이 아닌 실질 이용 주택수로 환산해 산출하는 것으로 양쪽 숫자가 모두 늘어나게 된다.

신 보급률로 바꾼 첫해는 99.2%로 나타나 다시 100% 이하로 내려갔다. 신 보급률이 100%에 도달한 시기는 100.7%로 올라선 2008년이다. 이를 옛 방식으로 계산하면 비율은 109.9%로 크게 앞서고 있다. 특히 1인 가구의 증가속도가 빨라 양쪽 보급률 간의 격차는 더욱 벌어지고 있다.

신 주택보급률 역시 100%를 넘어서도 주택문제는 전월세난이 기승을 부리면서 서민주거안정을 위한 대책을 쏟아 낼 정도로 크게 호전되지 않았다. 신 보급률도 현실과 거리가 생기자 부적합한 지표로 언론에서 따돌림을 받고 있는 것 같다.

이처럼 상황이 바뀌자 '인구 1,000명당 주택수'가 가끔 얼굴을 내밀고 있다. 이 기준은 외국에서 오래전부터 사용돼 온 지표로 보급률보다 이해가 쉽고 주거수준의 국제비교가 용이하다는 장점이 있다.

2010년을 기준할 때 우리나라는 인구 1,000명당 주택수가 364가구로 같은 시기의 미국 410가구와는 격차가 컸다. 또 일본, 프랑스, 독일, 덴마크, 네덜란드 등은 500가구 안팎으로 높은 수준에 속한다.

사정이 이러한데도 저출산·고령화로 인한 인구감소가 촉박한 것처럼 장기적으로 주택공급량을 연간 40만 가구로 낮춰야 시장이 안정된다는 주장이 없지 않다. 심지어는 수급불균형으로 집값이 급등할 가능성이 낮다는 장기예측까지 내놓아 어리둥절하게 만

든다.

벌써부터 대도시의 주택공급은 주택멸실을 전제로 공급이 이뤄지고 있음을 감안하면 주택공급 숫자도 옛날 나대지 위주 때와는 다른 크기로 분석해야 한다는 암시를 준다. 신축 1이 갖는 주택공급효과가 옛날의 1보다 떨어진다는 의미이다.

공급만한 특효약은 없다

우리나라 주택문제는 6·25 전쟁으로 사실상 무(無)에서 다시 출발하는 불운으로 시작됐다 해도 과언은 아니다. 대부분의 주택이 파괴된 데다 피난민의 대거 남하로 심각한 주택난에 봉착했다. 여기다 1962년 시작된 경제개발 5개년 계획의 잇따른 추진은 인구의 도시 집중을 불러왔다.

주택난을 해소하려는 물량위주의 장기공급계획은 몇 차례 시도됐으나 택지공급체계, 건축자재 생산기반 등이 취약한 데다 수출 중심의 경제정책에 밀려 첫해부터 차질을 빚어 번번이 실패했다.

만성적인 공급부족으로 주택시장은 연초가 되면 집값 특히 전세 가격이 뛰는 연례행사로 조용하지 않았다. 수급불균형을 틈탄 투기도 시장을 괴롭혔다.

연간 주택공급량이 10만 가구 이상으로 자리를 잡은 것은 1969년부터의 일이다.

1978년에는 첫 30만 가구를 넘는 호조를 보였다. 모처럼 찾아온 호황이었지만 치솟는 주택분양가격, 투기를 동반한 경기과열이 결국 규제를 불러오는 바람에 공급열기가 식어버렸다. 이후 10년간 주택허가량은 231만 가구에 머물렀다. 수급불균형이 심화되자 주택시장이 동요했다. 전국의 집값 상승률이 두 자릿수로 올라선 1988년에는 또다시 투기억제책이 나왔다. 그러나 1988년은 주택 200만 가구 5개년계획이 시동을 건 해여서 10년 만에 모처럼 살아난 주택공급확대의 불씨를 살려야만 하는 당면 과제가 있었다.

아파트분양가 상한제도 신규 공급의 발목을 잡는 장애요인이었다. 이 제도를 둘러싼 부처간 공방은 부동산 가격이 항구적으로 안정될 때까지 분양가조정을 미루기도 하고 1989년 1월 일단락됐다. 최대 과제인 물가안정과 토지공개념 도입 등 항구적인 투기 대책이 마련될 때까지 분양가상한제를 건드리지 않기로 방향을 바꾼 것이다.

주택문제가 어느 정도 심각한 지경에 이르렀는지를 일깨워 주는 2건의 사건이 4월에 터졌다. 하나는 서울 재개발아파트 분양에서 나온 1억 원 돌파의 국민주택채권 입찰기록과 또 하나는 성남시에서의 아파트 분양과열이었다.

연도별 부동산·증권관련 지표

(단위: 허가량은 만 가구, 변동률은 %, △는 마이너스)

연도	주택인·허가량		주택가격변동률		전세가격변동률		땅값 변동률	코스피 변동률
	전국	서울	전국	서울	전국	서울	전국	
86	28.8	12.4	△2.68	△4.57	5.94	4.45	7.3	66.87
87	24.4	6.2	7.07	2.08	19.47	18.36	14.67	92.62
88	31.7	5.4	13.2	9.18	12.98	7.2	27.47	72.76
89	46.2	7.6	14.59	16.44	17.6	23.77	31.97	0.28
90	75.0	12.0	21.07	24.23	16.84	16.08	20.58	△23.48
91	61.3	10.3	△0.6	△2.07	1.96	3.95	12.78	△12.24
92	57.5	10.6	△4.94	△5.4	7.5	8.3	△1.27	11.05
소계	271.8	45.9	48.4	46.33	70.2	72.58	125.86	29.2
93	69.5	11.2	△2.84	△3.2	2.43	0.48	△7.38	27.67
94	62.3	8.6	△0.13	0.4	4.44	4.95	△0.57	18.61
95	61.9	10.4	△0.25	△0.57	3.64	3.35	0.55	△14.06
96	59.2	10.5	1.53	1.59	6.59	6.63	0.95	△26.24
97	59.6	7.0	2.01	2.0	0.82	△1.1	0.31	△42.21
소계	312.6	47.7	0.2	0.14	19.2	14.93	△6.23	△44.53
98	30.6	2.9	△12.45	△13.23	△18.39	△22.63	△13.6	49.47
99	40.5	6.1	3.52	5.46	16.7	22.2	2.94	82.78
00	43.3	9.7	0.41	3.04	11.16	13.74	0.67	△50.92

연도	주택인·허가량		주택가격변동률		전세가격변동률		땅값변동률	코스피변동률
	전국	서울	전국	서울	전국	서울	전국	
01	53.0	11.7	9.89	13.0	16.47	18.7	1.32	37.47
02	66.7	16.0	16.34	22.48	10.05	10.72	8.98	△9.54
소계	234.1	46.4	16.4	30.5	35.7	41.34	△1.14	66.76
03	58.5	11.6	5.72	6.83	△1.41	△3.85	3.43	29.19
04	46.4	5.8	△2.1	△1.4	△5.0	△7.3	3.86	10.51
05	46.4	5.2	4.1	6.38	3.11	2.33	4.99	53.96
06	47.0	4.0	11.6	18.86	6.44	9.86	5.61	3.99
07	55.6	6.3	3.1	5.4	2.6	3.7	3.88	32.25
소계	253.9	32.9	24.0	40.4	5.4	4.0	23.73	202.31
08	37.1	4.8	3.1	5.0	1.7	1.1	△0.31	△40.73
09	38.2	3.6	1.5	2.7	3.4	6.0	0.96	49.65
10	38.7	6.9	1.9	△1.2	7.1	6.4	1.05	21.88
11	55.0	8.8	6.9	0.3	12.3	10.8	1.17	△10.98
12	58.7	8.6	0	△2.9	3.5	2.1	0.96	9.38
소계	227.6	32.7	13.9	3.8	31.0	28.9	3.88	5.27

주, 소계는 대통령 5년 임기별 누계·변동률

이들 사건이 일어난 지 한 달도 안 돼 노태우 태통령이 주재한 주택관계 장관회의에서 분당, 일산의 신도시 건설이 발표됐다. 노 대통령은 이날 "택지 대량 공급으로도 투기가 근절되지 않을 경우 긴급명령권을 발동하겠다"고 각오를 밝혔다.

당시의 다급함이 어떠했는가를 알려 주는 기록이 있다. 수도권 신도시 건설계획이 발표된 지 불과 10일 만에 분당신도시가 들어 설 594만 평이 택지개발지구로 지정됐으며 7개월 만에 첫 아파트 분양이란 진기록이 세워졌다.

신도시 분양을 앞두고 10년 이상 주택시장에 먹구름을 드리운 서울, 부산의 아파트 분양가상한제가 폐지되고 원가연동제가 도입 됐다.

원가연동제는 건축비의 경우 정부가 고시하는 표준건축비를 적 용받도록 했으며 분양가상한제 속에서 투기의 대명사로 낙인찍힌 채권입찰제는 무한 경쟁방식에서 상한제로 바뀌었다.

노태우 정부 시절의 주택신축허가는 단군 이래 최고 기록인 1990년의 75만 가구를 합쳐 5년간 합계 271만 8,000가구로 계획 량 200만 가구를 크게 앞질렀다. 물량공세에 힘입어 이 기간 중 끝 의 2년간은 집값이 하락세로 돌아섰다. 또 전세가격은 4년간 계속 두 자릿수로 낮아졌다.

공급의 효과가 으뜸이라는 해답이 처음으로 증명된 셈이다.

장기주택 공급 계획은 계속된 경제개발 5개년계획에 포함된 것을 제외해도 여러 차례 추진됐다. 열거해 보면 1975년에 발표된 208만 7,000가구 7개년계획, 1978년의 서민주택 311만 가구 8개년 계획, 1980년의 586만 가구 13년 계획, 1980년의 500만 가구 11년 계획 등이 대표격이다. 1983년에는 100만 가구 3개년계획이 수립됐으나 실적은 첫해부터 차질을 빚어 74만 가구에 그치고 말았다.

김영삼 정부 때는 노태우 정부의 기록보다도 40만 8,000가구나 많은 312만 6,000가구를 공급하는 호조를 보였다. 연간 실적도 최대 10만 가구 이내의 편차를 둘 정도로 균형을 이루었다.

잇따른 물량공세로 집값은 내리거나 약세로 일관했다. 반면 미분양아파트가 급속도로 불어나 1995년 10월에는 16만 가구나 쌓여 공급과잉에 따른 주택문제를 야기했다.

미분양 문제를 해결하기도 전에 외환위기가 몰려와 신축 주택량은 잇따른 규제해제와 부양책에도 불구하고 3년간 평균이 38만 가구에 머물 정도로 부진했다. 이는 앞의 두 정부가 재미를 본 신도시 등 대규모 택지를 물려받지 못하는 바람에 공급확대에 재빨리 대처하기 어려웠던 점도 원인으로 지적되고 있다. 이 기간에는 집값에 비해 전셋값이 2배 가까이 앞서 올랐다. 이에 자극을 받아 다세대주택 신축이 붐을 맞기도 했는데 2002년의 경우 물량은 서울의 10만 가구를 합쳐 전국적으로 22만 가구로 집계됐다.

노무현 정부는 주택인허가량이 연평균 50만 가구에서 턱걸이했다. 2006년에는 판교 신도시, 은평 뉴타운의 고분양가 영향으로 서울을 비롯 전국의 집값이 두 자릿수 상승률을 기록했으며 이것이 화근이 되어 분양가상한제 분양원가공개, 채권입찰제, 전매기간 등이 확대되고 청약가점제가 도입되는 강경 일변도의 정책전환이 이루어진다. 이 같은 제도의 변혁은 주택시장에 악재로 작용해 새 제도의 시행시점을 앞두고 밀어내기 공급이란 후폭풍을 일으켜 미분양주택을 양산시켰다.

이명박 정부 들어서는 뉴욕 월가 금융쇼크가 터진 2008년부터 3년간 연평균 38만 가구로 연간 신축주택허가 숫자가 10년 만에 다시 40만 가구 이하로 내려가는 실적을 보였다. 부진한 실적 속에서도 2009년부터 2년간은 수도권의 신축허가 비율이 60%를 웃돌아 상대적으로 지방의 공급격감에 의한 시장변화를 가져오게 만들었다.

신축물량이 2011년부터 회복됐으나 그동안의 공급부진 누적과 지역 불균형으로 집값의 양극화 현상, 두 자릿수로 올라선 전셋값 상승 등 주택시장이 몹시 불안정한 모습을 보이고 있다.

주택신축허가 숫자는 주택경기를 읽게 해주는 제1의 변수답게 전월세가격에 직접적인 영향을 준다. 이에 비해 집값은 수급량 이외에도 경제여건에 크게 좌우돼 전월세보다 변수가 많은 편에 속한다.

전세가격 비율이 높아지면 집값도 움직인다는 것은 주택시장에서 공식처럼 굳어져 있다.

집이 지어지려면 집값이 올라 수요가 늘면서 신축을 유도하는 연쇄반응이 있어야 하지만 일단 공급량이 늘어나면 집값 전세가격은 내리거나 약세로 변한다.

이는 갖가지 규제를 펴는 수요 억제책보다 공급확대의 효과가 그만큼 크다는 것을 의미한다.

고급 신도시 하나 만들자

다양한 수식어를 앞에 단 신도시들이 출현한 지는 오래했다. 공업·산업·국제·관광·기업·혁신 등 시대와 정책에 따라 유형도 여러 가지다. 최근에는 친환경·자연친화·생태·첨단 등이 미래도시의 앞을 장식하고 있다. 그러나 중대형 주택 중심에다 이에 걸맞은 시설을 갖춘 소위 고급형 신도시는 없는 실정이다. 고급형 신도시가 거론됐다면 부의 양극화와 빈부격차를 조장한다느니 하는 거센 역풍을 만나 좌초됐을 게 뻔하다.

주택문제는 6·25전쟁 이후 수급불균형이 워낙 심해 양산 위주의 정책으로 일관돼 고급화는 엄두도 내지 못한 것이 사실이다. 특히 수도권 신도시도 주택 숫자 늘리기에 급급해 임대 분양을 막론하고 소형에 치우쳐 왔다. 대형주택이 더러 있다 해도 소형과 섞여 있어 부자동네라고 부를 수 있는 신도시는 하나도 없다 해도 과언은 아니다.

그동안 서울의 인구집중현상과 주택난을 해소하기 위한 신도시 대책을 살펴보면 시발점은 멀리 1960년대 후반으로 거슬러 올라간다. 1968년 서울시장이 한강이남과 수원 사이에 100만 명을 수용할 수 있는 제2의 서울 구상을 내놓았다. 서울 도심과는 고속전철로 연결하고 지하도와 육교가 없는 평면도시를 만든다는 것이 그때의 청사진이었다.

2년 뒤에는 인구 35만 명을 수용하는 위성도시의 건설계획이 발표됐다. 경기도 광주의 350만 평 땅에 주택 7만 5,000가구를 짓고 서울 중심까지는 20분에 연결할 수 있는 도로를 신설한다는 구상이었다.

이런 발표가 있은 후 영동 잠실 등 강남개발이 추진됐으나 획기적인 사건으로는 1977년 박정희 대통령이 서울시를 순시할 때 처음으로 꺼낸 임시행정수도 건설이 꼽힌다. 이미 5년 전에 박대통령은 서울인구를 600만 명으로 동결하고 인구 공장의 지방분산을 지시한 적이 있었다.

서울서 전철로 1시간 거리를 염두에 둔 임시행정수도는 역시 서울의 과밀해소에 목적이 있었으며 남북통일 때까지 한시적이라는 단서가 붙었다.

그러나 여러 차례의 신도시 계획에도 불구하고 실제로 개발이 이루어진 것은 강남개발의 본격 신호탄이 된 1976년의 첫 아파트 지구 지정, 1978년의 과천 정부 제2종합청사 이전과 과천신도시 건설, 1981년 택지개발촉진법 발효와 함께 추진된 254만 평 규모의 개포지구 뉴타운이었다.

서울의 고급아파트촌은 아파트보급 초창기를 장식한 이촌동 여의도에서 강남으로 확산되면서 규모 또한 커졌다. 그러나 신축주택의 주력상품으로 아파트가 떠오른 후에도 압구정동 규모를 뛰어넘는 중대형 단지는 출현하지 않았다. 당시 이를 이어받을 후보지로 개포지구가 물망에 올랐으나 소형 위주의 집중 건설로 물건너갔다.

1989년에 시작된 수도권 신도시 건설은 발표에서 분당시범 1차 아파트 분양까지의 기간이 불과 7개월밖에 걸리지 않았듯이 당시 시간을 다투는 상황에서 주택을 하루라도 빨리 대량생산하는 것 이외에는 신경을 쓸 겨를이 없었다. 웬만큼 큰 단지면 전용면적 60㎡ 이하의 국민주택이 반드시 끼어 있었으며 중대형이라 해도 크기만 컸지 옵션수준으로 한정돼 품질 고급화와는 거리가 멀었다.

고급형 후보지로 손꼽을 만한 수도권 2기신도시의 선두주자인 판교는 당초 계획보다 주택수를 50%나 늘리는 바람에 처음에 내걸었던 쾌적한 저밀도형에서 멀어져 버렸다. 판교신도시는 주택시장의 안정을 위해 서울강남 수요를 흡수할 대체 신도시로 큰 기대를 건 것과는 반대로 주택시장에 가격인상 파장을 불러왔다.

강남대체의 2차 시도로 떠오른 동탄2지구 신도시 건설계획은 서울과의 거리를 단점으로 들어 강남지역의 희소가치만 높였다는 평가를 면치 못하고 있다.

2006년 11·15 부동산시장 안정화방안은 수도권 2기신도시 가운데 6개도시에 건설할 주택수를 당초보다 4만 3,000가구나 늘린 29만 6,000가구로 조정했다. 유일하게 서울이 낀 위례신도시는 205만 평에 4만 2,947가구가 예정돼 있다. 판교와 비교하면 위례신도시는 면적이 77만 평이나 좁으면서도 주택은 1만 4,000가구나 더 많아 고급형을 기대하기는 어렵게 됐다.

국토교통부는 건설교통부 시절인 2005년 4월 '지속 가능한 신도시계획 기준'을 제정한 적이 있다. 사회통합과 쾌적하고 친환경성을 추구하기 위한 이 기준은 이른바 신도시 종합교과서에 해당한다. 내용 중에는 새로 건설될 신도시 가구수의 30% 이상을 임대주택으로 지어야 하고 60~85㎡크기의 주택도 25~35%로 하되 단독주택이나 연립주택은 각각 20~30%와 5~10%씩 섞어 짓도록하는 제한이 들어있다. 주택의 유형과 크기에 따라 건립비율의 상하한폭이 너무 좁게 설정돼 지역특색을 살리거나 특징 있는 차별화된 신도시를 기대하기는 어려울 수밖에 없다.

수도권2기 10개 신도시에 대한 평가 가운데는 주택공급에 치우쳐 생산·위락·자족 등의 기능이 상대적으로 열세해 다닥다닥 붙은 베드타운만 양산할 수 있다는 지적도 나오고 있다.

또 1기신도시보다 서울에서 점점 멀어져 자족기능 제고에 승부를 걸지않는 한 서울 수요를 흡수하는 데는 한계가 있어 서울과의 거리가 가까운 순서로 인기가 쏠릴 수밖에 없다는 평을 받고 있다.

수도권의 경우 신도시 역사는 20년을 넘고 있다. 그러나 신도시에 대한 평가는 땅값 압력에 의해 분양가격에 너무 집착한 나머지 품질개선에 큰 진전이 없는 성냥갑 도시 범주를 벗어나지 못하고 있다. 특히 부동산 경기가 신도시건설 속도를 좌우해 지금 갖고 있는 공식으로는 불황이 닥치면 진척을 기대하기 어렵다.

고급형 신도시는 기존 신도시가 갖고 있는 외부로의 가격파급을 막기 위해 가능한 한 인공섬이 되게끔 강이나 산 또는 그린벨트 등의 자연적인 완충장치를 마련하고 설계와 시설의 다양화, 품질의 고급화로 기존의 주택과는 가격비교가 불가능하도록 또 하나의 차단장치를 둔다. 분양대상은 현행 청약제도가 아닌 납세기여도 또는 타당성 있는 우선순위를 발굴해 선정하고 분양가격에는 용도를 명시한 기부금정액제를 포함시키는 방안을 검토할 수 있다.

이는 과거에 올림픽 관련 아파트에 도입된 기부금입찰제와 중대형 주택의 채권입찰제 등이 보통 집을 지어놓고 비싸게 파는 방식과는 거리가 멀다.

자금의 용도를 뚜렷하게 제시한 기부금제는 새 정부의 복지공약을 위한 재원확보 이외에 부(富)에 대한 부정적인 인식을 최소화하는데도 효과를 볼 수 있을 것이다. 교통, 치안, 교육, 의료, 문화, 환경, 유통 등 각 부문의 시설과 수준 등 미래신도시의 청사진을 제시한다면 지금까지 차별화가 주택의 크기로만 한정되고 배급제와 같은 수동적인 공급방식 위주로 된 주택 분양시장에 새바람을 불게하여 웬만한 불황도 뛰어넘을 수 있을 것 같다.

신도시건설은 최근 들어 주요 수출품목으로 자리매김하고 있다. 한화건설이 추진하는 77억 5,000만 달러 규모의 비스마야 신도시 건설, 대우건설이 베트남 하노이 부근에 짓는 스타레이크시티, 한국토지주택공사의 아제르바이잔 신도시조성기술 수출 등이 눈에 띄는 굵직한 사업이다.

민간주도형의 고급 신도시건설은 해외 건설 시장개척의 차원을 한 단계 높여주는 모델도시로서의 부수적인 효과도 기대할 수 있겠다.

20 재건축 아파트가 몰려온다

오래전에 일본의 아파트 일생에 관한 신문 기사를 본 적이 있다.

"아파트 준공 때는 내로라하는 사람들이 입주할 정도로 인기가 있었지만 세월이 많이 흐른 뒤에는 잡초가 무성하고 폐허에 가까운 흉물 단지가 돼버렸다. 그동안 몇 차례 부동산 경기가 좋을 때 돈 있는 젊은 층이 떠나 지금은 거의 노인들만 거주하는 낡은 아파트로 변했다. 밤 사이 사이렌 소리가 나면 누군가 병원에 실려간 것으로 주민들은 알고 있었다."

우리나라는 연초가 되면 집값과 전셋값이 거의 매년 반복해 뛰는 주택시장의 동요가 있었다. 그러나 그동안 줄기차게 추진된 주택공급 확대정책에 따라 과거에 비해 그 정도는 많이 약해졌다. 이는 88년부터 10년간 건설된 주택의 후광 때문이라 해도 과언은 아닐 것 같다. 이 기간 동안 주택은 자그만치 584만 4,000가구가 신축허가를 받았다. 현재 전국 총 주택수의 40%에 해당하는 엄청난 물량이다. 이 숫자는 두 정부가 노력한 결과였다. 노태우 정부의 271만 8,000가구, 김영삼 정부의 312만 6,000가구가 그것이다. 10년 동안의 기록 가운데는 분당 일산으로 대변되는 30만 가구에 가까운 5개 신도시가 포함돼 있다.

그러나 건물노후화로 앞으로 10여 년이 지나면 이들 주택이 재건축을 시작해야 하는 시점에 도달하게 된다. 신축허가가 몰렸으면 준공이 몰리고 재건축도 몰리게 마련이다. 여기에 리모델링이 가세하면 시기를 앞당겨 물량증가를 가속화하게 된다.

통계청 인구 · 주택총조사에서도 아파트의 준공물량을 1980～1994년 269만 가구, 1995년부터 10년간이 365만 가구로 집계돼 재건축이 지금과는 다른 차원의 주택문제로 떠오를 공산이 크다.

서울지역의 경우 아파트 재건축은 1990년 사업승인을 받은 충정로 개명아파트가 첫 번째로 기록되고 있다.

21세기 들어서는 강남, 잠실 등지에서 재건축 단지규모가 대형화되고 기존 아파트 층수도 5층에서 12층으로 확대되는 추세에 있다. 분양시기로 보면 처음으로 허가량이 30만 가구를 넘은 1978년 전후의 아파트들이 주요 대상이 되고 있다.

아파트 재건축은 토지의 재활용이란 측면에서 불가피한 선택이

지만 가격폭등 등을 이유로 수난을 겪기도 했다. 노무현 정부 시절에는 재건축과의 전쟁이라 여길 정도로 규제가 재건축에 집중적으로 쏟아졌다. 2003년에는 투기과열지구의 재건축아파트 분양시기는 80% 공사를 한 뒤 후분양 (5·23 주택시장 안정대책), 재건축 아파트의 가구수의 60% 이상을 전용면적 85㎡이하로 지으며 재건축 조합주택의 분양권전매금지(9·5 주택가격 안정대책) 등으로 재건축을 조이기 시작했다. 2004년에는 연간 상승률이 전국 평균의 2배를 넘는 곳은 주택거래 신고지역으로 지정(3·10 부동산시장 안정대책), 투기과열지구의 재건축에는 용적률 증가분의 25%만큼 임대주택을 의무화하는 재건축개발이익환수제 도입(6·2 재건축개발 이익환수방안) 등으로 규제의 강도를 높였다.

또 이듬해에도 재건축안전진단 강화와 초고층 재건축제한(2·17 수도권 주택시장대책), 재건축·재개발조합원의 입주권도 주택으로 간주해 양도세 부과 등이 이어졌다.

2006년에는 재건축 아파트에 최고 50%까지 개발이익부담금 부과, 재건축 안전진단 예비평가를 시설안전공단 등 공적기관이 수행(3·30, 8·31 부동산대책 후속조치) 등이 추가되면서 재건축규제는 절정을 맞게 된다.

그러나 이명박 정부 들어서는 침체된 주택시장에 활기를 불어넣기 위한 방안으로 재건축에도 규제완화의 손길이 뻗치기 시작했다. 재건축 안전진단 1회로 축소, 2종 일반지역 층고를 평균 18층

최초의 대단지로 기록된 서울 도화동의 마포 주공아파트가 재건축되고 있다. *(사진 왼쪽) 새 아파트는 642가구가 지은 지 27년 만에 헐리고 1994년 7월 982가구로 탈바꿈했다.

으로 완화, 후분양제 폐지 등을 담은 8·21부동산시장 활성화대책이 지방의 미분양아파트 대책이며 두 번째로 당정협의를 거쳐 나왔다. 본격적인 것으로는 재정확대와 부동산 건설경기 활성화가 골자인 11·3경제위기극복 종합대책에 담겨 있었다. 이 대책 가운데 부동산부분은 재건축아파트의 용적률을 법정한도인 300%까지 올리고 재건축의 임대주택 의무비율은 2009년부터 폐지하고 재건축의 소형의무비율을 완화하는 내용이 핵심을 이루고 있었다.

재개발·재건축 등 도시재정비사업은 다주택 조합원에게 두 채의 분양을 허용하고 1대 1 재건축에서는 기존 주택의 면석을 제한 없이 축소가 가능하게 하는 등 기울고 있는 주택경기를 감안해 재건축부양효과를 높이는 쪽으로 정책의 중심이 기울고 있다.

재건축은 도시지역에선 이제 노후주택의 개선방안으로 주거복지정책은 물론 주택시장에서도 중요한 위치를 점하고 있다. 낡은 집을 헐고 새집을 짓는 과정에서 자칫하면 실질적인 무주택자를 양산해 주택시장을 교란시킬 우려를 항상 내포하고 있어 안정적인 추진이 필수요건 중의 하나가 된다.

서울시의 경우 새집은 재개발 재건축 숫자로만 여겨도 큰 오차가 없을 때가 됐다. 정상적이라면 신축허가 숫자가 꾸준히 증가추세를 보여야 하지만 2001년 이후를 보면 초기의 3년만 10만 가구를 넘어섰을 뿐 실적이 들쭉날쭉하다.

2009년에는 4만 가구 이하로 뚝 떨어져 1998년의 2만 9,000가구 이후 최저수준을 기록하기도 했다.

재건축은 되돌아 볼 때 첫 단추부터 잘못 꿰인 것 같은 느낌이 든다. 소유가 아닌 주거를 우선순위로 하여 제도를 다듬었어야 재건축을 둘러싼 마찰이 크게 줄어들었을 것이다.

대형화로 치닫는 것을 막기 위해서도 용적률이 크게 늘어나더라도 기존의 주택크기를 일정비율 의무화하고 상한선을 차등화했으면 재건축을 투기화하는 데는 한계가 있었을 것이다. 또 기존주택시장에서 저층과 고층간의 가격교란을 방지하기 위해 용적률 증가분에 비례하는 이익환수장치를 단계별로 마련했었다면 용적률이 다른 주택간의 가격질서가 어느 정도 유지되지는 않았을까.

서울지역의 5층 아파트 대량 멸실이 서민주택의 전월세난을 일으킨 원인 중의 하나로 꼽아도 지나친 표현은 아닐 것 같다. 소형주택의 재건축이 전월세로 살고 있던 입주자를 퇴출시키고 이를 소유한 다주택자에게만 혜택이 돌아가는 편중된 도시재정비사업이 되지 않도록 하는 손질도 시급한 때가 아닌가.

재건축은 제도와 비용 등 양쪽 측면의 변수를 갖고 있는 사업이다. 어느 쪽의 이유로든 사업이 지체될 때 그만큼 후유증이 크다는 데서 나대지에서 벌이는 주택사업과 다르다.

용적률에 매달려 재건축을 초고층 건물숲으로 바꾸어 가는 것도 숙고해 봐야 할 대목이다. 언젠가 닥칠 '재재건축'에서도 고층화를 유도하는 용적률 상향조정 방식이 계속해 먹혀들지 의문이다.

투명한 제도 재정비와 함께 미리 주택공급량을 늘려놓아 재건축 적체로 야기될 수 있는 각종 부작용을 제거하는 지혜가 필요한 때이다.

다주택자는 애국자

바둑에서처럼 집은 많을수록 좋은 것일까? 1가구 다주택은 많은 사람들이 부동산 투자의 전형으로 부러워하는 대상 중 하나임에는 틀림없다.

부동산 경기가 좋아 집값이 달아오를 때면 어김없이 규제의 손길이 뻗치는 곳이 다주택이다. 이는 다주택이 부동산 투기의 결과물로 간주되기 때문이며 양도세 강화는 공식처럼 됐다. 또 부의 양극화, 빈부격차를 조장하는 주범으로 꼽히기도 한다.

반대로 불경기가 심화돼 미분양 주택이 쌓여 아우성이 날 때가 되면 슬며시 양도세 감면을 내세워 다주택을 유혹하곤 한다. 가장 심한 냉온탕의 정책 변덕을 감수해야만 하는 곳이 다주택이기도 하다.

　다주택은 제쳐두고 1가구 1주택이 어떤 대우를 받았는가를 알면 그 정도를 미루어 짐작할 수 있겠다.

　주택경기가 좋았던 1978년 1가구 1주택 양도세 비과세 요건에 6개월 거주의무화가 생겼다. 여기에 다시 보유 2년이 얹혀졌고 1983년부터 5년간은 보유 3년 이상에 거주 1년 이상이 됐다. 1988년 8·10 부동산 투기 억제 대책에서는 보유 기간이 5년 이상으로 늘어난다.

　그러나 1994년 12월 미분양 주택 수가 10만 가구를 넘어선 후 빠른 속도로 불어나자 1996년부터는 보유기간은 3년으로 줄어들고 거주 요건은 없어진다. 21세기에 들어서는 2003년 서울, 과천, 수도권 5개 신도시에 한해 거주 1년이 부활된 후 3개월 만에 거주 기간이 2년 이상으로 늘어나 7년간 유지된다.

　2011년 5·1 건설경기 연착륙 및 주택공급 활성화 방안으로 거주 2년이 사라지고 2012년 5·10 주택거래 정상화 및 서민·중산층 주거안정 지원 방안은 보유기간도 2년으로 줄인다.

　집 한 채를 갖고 있는데도 경기에 따라 이렇게 여러 차례 양도세 비과세 기준이 바뀌었다.

　집값이 오를 때면 다주택 소유가 주택가격 상승의 직접 원인이 된다는 판단 아래 다주택의 해체까지 겨냥한 규제가 봇물처럼 일어났다.

집값이 오름세로 일관했던 1989년에는 토지공개념과 마찬가지로 주택보유상한제까지 검토되기도 했다.

1990년대 초에는 1가구 다주택을 금할 수는 없으나 제도 정비를 통해 다주택에 불이익을 줌으로써 1가구 1주택 소유체제를 구축할 수 있다는 국민복지증진과 생활환경대책이란 이색보고서까지 출현했다. 전국을 아우르는 주택전산화망이 완료된 후에는 재산세 강화가 본격화됐다.

전세시장이 심하게 출렁일 때도 다주택 조사가 실시되는가 하면 1996년의 추석물가 대책에는 20% 이상 전세금을 올린 2주택 이상 소유자를 대상으로 한 정밀 세무조사도 포함돼 있었다.

다주택을 보는 시선은 외환위기가 닥친 후 크게 달라진다. 주택소유 숫자를 불문하고 미분양주택을 산 후 5년 내 팔면 양도세가 면제되고 5년이 지나 팔면 5년 후에 오른 금액에만 양도세를 매기는 사실상의 다주택자 모시기 작전이 전개된다.

주택경기를 부양시켜 내수경기를 살리고 10만 가구가 넘는 미분양주택을 줄이기 위해 시중 여유자금을 주택시장으로 끌어들이려는 주택정책의 일대 전환이 이때 이루어진다.

그러나 경기가 살아나고 집값 전세가격이 두 자릿수 비율로 치솟자 1가구 다주택은 다시 조임을 당하게 된다. 2003년 들어서는 3주택 이상을 별도 관리하며 양도세를 실거래가 기준으로 과세한다. 10·29 주택시장 안정 종합대책은 주택 투기 지역의 주택거래

신고제 도입과 함께 1가구 2주택에 최고 51%, 3주택 이상에 최고 82.5%의 양도세 중과장치 설치를 예고한다. 3주택 이상에의 중과세는 2004년 11월 들어서도 시행 1년 유예를 놓고 국회와 정부가 팽팽히 맞섰고 12월에는 정부가 연기 입장을 철회한다. 시행을 겨우 18일 앞두고 확정된 양도세 중과는 연내 매각하는 경우에 한해 36%의 세율이라는 촌극을 빚어냈으며 주택시장 또한 큰 혼란에 빠졌다.

다주택을 지목한 양도세 강화 조치는 임대사업자와 증여의 증가라는 양도세 탈출 작전을 야기하기도 했으나 당초 예상했던 주택 매매가격 하락으로 이어질 만한 매물증가는 나타난 적이 거의 없었다. 즉, 양도세 중과요법으로는 주택시장에서 매물증가 효과를 기대하기는 어렵다는 말이다.

2005년에는 엄포용 세무조사도 등장했다. 4주택 이상을 갖고 있는 기업인, 전문직 212명에 대해 자금출처 조사 등 세무조사를 실시하기로 예고하고 한 달 안에 집을 처분해 3주택 미만이 되면 조사 대상에서 제외시킨다는 게 전부였다. 주택 숫자를 기준으로 매각 시한까지 정해 으름장을 놓는 게 될 법한 이야기일까.

이명박 정부 들어 닥친 글로벌 금융위기 후에는 다주택에 대한 양도세 중과장치가 철거된다. 그래도 주택투기 지역인 서울 강남·서초·송파 3구에는 기본세율 6~35%에 가산세 10%가 붙었다. 그리고 3주택 이상자에서 3억 원을 초과하는 전세보증금에는 소득세가 부과된다.

2011년 이후에는 다주택 양도세 중과 완화의 기간 연장에 이어 양도세 중과폐지 쪽으로 분위기가 기울고 있다. 또 주택수와 보유 기간에 관계없이 1주택 당 일정 비율의 양도세율로 일원화하는 방안도 설득력을 얻고 있다.

다주택자에 대한 징벌적 과세를 완화해 임대주택 공급 여력을 확충하는 게 급선무라는 인식이 주택경기 장기 침체 속에 싹트고 있다. 공공부문의 주택 공급에도 한계가 있어 돈 있는 다주택자들을 끌어들여 임대시장을 키워나가자는 지적도 계속되는 전월세난 속에 소리를 높이고 있다.

오히려 다급해진 정부가 국회를 향해 다주택자를 겨냥한 양도세 중과폐지를 압박하고 있는 형국이었다.

1가구 다주택은 두 얼굴을 갖고 있다. 하나는 부의 양극화를 부채질하는 주택의 과다 소유와 이로 인한 주택가격 상승이란 비난과 또 하나는 한국형 임대주택의 주류를 이루는 전월세의 실질 공급자란 현실적인 공헌이다. 따라서 집값을 오르게 할 수 있지만 전월세 가격을 내리게 할 수도 있다는 두 개의 상반된 기능을 다주택은 갖고 있는 것이다.

예를 들어 과거에 검토까지 했던 주택소유상한제와 1가구 1주택 체제의 구축 등이 실현됐다면 주택시장은 벌써 붕괴됐을 게 뻔하다. 쏟아지는 미분양 물량의 흡수나 외환위기 같은 험난한 계곡은 건널 꿈도 꾸지 못했을 것이다. 주택 연관 산업 역시 지금보다도 비참한 상황을 면키 어려웠을 것이다.

최근의 주택시장 상황을 보면 양도세를 걱정할 정도로 새집 값이 크게 올라줄까 하는 의구심이 팽배해진다. 반대로 다주택자가 줄어들면 전월세 시장도 위축돼 무주택자들이 크게 흔들릴 것은 말할 필요도 없다.

주택공급이 꾸준히 늘어난다면 그래도 재산증식 수단으로 부자 증세 우려 속에서 1가구 다주택을 고집할 사람이 얼마나 될까.

환경이 바뀌었다 해서 어느 때는 투기꾼의 대명사로, 어느 때는 불황의 구세주로 극과 극의 대우를 하는 차별은 이제 종지부를 찍을 때가 됐다.

22 무주택자도 집에서 산다

집이 없는 사람도 집에서 산다. 대수롭지 않은 말 같지만 이것이 주택만이 갖는 두드러진 특징이다. 보통 상품을 예로 들면 필요 없으면 사지 않으며 또 사지 않는다는 것은 특정상품의 이용을 포기함을 뜻한다.

그러나 집은 내 것이 있어도 없어도 3대 인간 생활요소의 하나로 꼽히는 필수품이다.

내 집이 없어도 집에서 산다는 것이 주택문제를 풀기 어렵게 만드는 대목이다. 누군가 이를 지어야 한다는 데서, 또 불황 때도 지어야 한다는 데서 임대주택건설을 위한 공공부문의 역할이 강조되곤 한다.

우리나라 임대주택은 주택공사가 1961년 서울 북가좌동에 지은 단독주택 65동이 효시가 되고 있다. 그러나 이 주택들은 임대를 목적으로 지은 것이 아니라 짓고 나도 집이 팔리지 않아 1년간 임시로 임대한 것이다.

애초부터 임대란 형용사가 달린 주택은 이보다 11년이 지난 후 나온 서울 개봉동의 13평형 250가구가 처음이다. 13대 1의 경쟁률을 보였던 이 아파트는 보증금 7만 8,000원에 월세가 평균 2,500원이었으며 입주자 모집 후 한 달이 지나서는 4만~6만 원의 프리미엄이 붙을 정도로 인기가 높았다고 한다.

임대아파트는 공급확대책에 힘입어 빠른 속도로 늘어나며 전국으로 확산됐으나 대부분이 길어야 임대기간 5년의 시한부 임대주택이었다.

임대주택은 서민형 주택의 대명사로, 특히 선거 때가 되면 물량공세를 동반한 장기공급계획이 어김없이 등장하곤 했다.

지난 1987년 대선 때는 공공임대주택 50만 가구가 공약으로 나왔다. 노태우 대통령은 이를 합쳐 주택건설 200만 가구 5개년계획을 추진한다.

임대주택은 5년이 지나면 분양되는 소위 '준분양' 주택이 먼저 임대주택이란 이름을 사용하는 바람에 진짜 임대주택에는 '영구'라는 형용사를 붙여야 했다.

1990년은 진짜 임대주택인 영구임대주택이 첫선을 보인 해로

최초로 계획단계에부터 영구임대주택으로 추진된 서울 번동의 주공1차 1,292가구가 완공돼 1990년 11월 입주가 시작됐다.

기록되고 있다. 입주기준으로 따진다면 1989년 11월 서울시가 중계동에 지은 장기임대주택 640가구를 전환한 것이 처음이지만 계획단계부터 영구임대주택으로 추진한 것은 주택공사가 11월 입주를 시작한 번동 1차 1,292가구가 첫 번째로 꼽히고 있다.

그러나 입주포기, 무자격자 적발 등으로 영구임대주택이 남아돌게 되자 이 제도는 단명으로 끝나게 된다.

1992년 대선에서는 2년째 계속된 주택경기 침체에 따른 집값하락으로 공급확대 쪽으로 치우쳐온 임대 주택문제가 크게 부각되지 않았다. 이어 김대중 정부는 6년 만에 되살린 영구임대주택 10만 가구를 합쳐 임대주택 50만 가구 건설을 주택부문의 핵심과제로 꼽았다.

2002년에 내놓은 1·8 주택시장 안정대책은 임대와 분양 주택 10만 가구를 짓기 위해 수도권 11개 그린벨트 260만 평을 후보지로 선정했다. 5·20 중산층·서민생활향상대책에서는 국민임대주택의 10년간 건설목표를 50만 가구에서 100만 가구로 대폭 늘리는 방안이 포함돼 대선의 해 임을 실감케 해 주었다.

역시 대선의 해인 2007년에는 규제일변도인 1·11 부동산시장 안정을 위한 제도개편 방안이 발표된 지 20일 만에 당정협의로 주택시장안정과 주거복지향상을 위한 공공부문 역할 강화방안이 나왔다.

내용은 모처럼 임대주택 일색이었는데 장기임대주택 260만 가구를 2017년까지 공급한다는 장기계획이 핵심이었다. 특히 2019년까지 임대주택 펀드를 90조원 규모로 조성해 비축용 임대주택 50만 가구 건설에 투입한다는 계획은 선거용, 실현 불가능 등 각계로부터 심한 저항을 불러 왔다.

대선과 총선이 겹친 2012년에는 여야 가릴 것 없이 서민복지확대를 부동산 분야의 최우선 공약으로 삼고 전월세부문에 각종 개선방안을 내놓았는데 그중 하나가 공공임대주택의 공급량 대폭 확대였다.

2011년 현재 10년 이상 장기공공임대주택은 89만 가구로 집계돼 전체 주택수의 5% 수준에 머물고 있는 실정이다.

우리나라 총 주택수 1,780만 가구에 자가 보유율 54.2%를 감안하면 810만 가구 정도가 사실상의 임대주택 물량이다. 여기에 장기공공임대주택과 5년 임대주택, 임대주택사업자 물량 146만 가구를 **빼면** 나머지 대부분이 다주택 소유에 나오는 전월세주택인 셈이 된다.

따라서 공공임대주택은 점유비율이 극히 낮아 주택매매는커녕 전월세시장에서 가격안정장치로서의 기능도 전혀 기대할 수 없는 실정이다.

기간 연장 때마다 임대료 폭등

민간 위주로 임대주택시장이 형성되다시피 한 현실을 무시하고 선의를 베풀려다 평지풍파를 일으킨 사례 또한 없지 않다. 1981년 전월세의 임대기간은 6개월에서 1년으로, 1989년에는 1년에서 2년으로 각각 연장한 주택임대차보호법의 섣부른 개정은 전월세가격의 폭등을 가져와 집 없는 서민들에게 고통을 더 안기는 긁어 부스럼 꼴이 되고 말았다.

계약기간의 연장은 경우에 따라서 무주택자에게 약이 될 수 있으나 주택공급물량이 워낙 모자라 수급불균형이 극심한 시장상황에서는 독이 된다는 교훈을 두 차례나 주고 있는 것이다.

2008년부터 3년간의 주택공급 부진으로 전월세 난이 가중되면서 전세가격 상승률이 두 자릿수까지 치솟자 임대기간을 2년에서

3년으로 늘리거나 월세전환율의 제한, 계약갱신 청구권, 전월세 등록제, 인상률 상한제를 도입하자는 설익은 주장들이 쏟아져 나오고 있다.

과거에도 거론됐다가 퇴출당한 전월세 인상률 상한제를 도입했을 때를 가정해 보면 주변에 비해 가격이 낮은 새 아파트, 전월세 가격이 주변수준으로 접근하는 입주 2년째 되는 아파트 등에서 대혼란이 예상될 뿐 아니라 정책의 강도에 따라서는 전월세 매물회수로 공급물량의 축소를 자초해 과거의 단순한 계약기간연장 때보다 더 심각한 후폭풍을 몰고 올 가능성이 크다.

수도권 5개 신도시 아파트의 입주가 막바지에 도달했던 1996년 정부는 추석물가대책에서 오르는 수도권 주택전세 가격을 특별단속키로 하고 세를 많이 올린 다주택자와 부동산 중개업소를 대상으로 정밀조사를 벌이기로 한 적이 있었다. 이때 전국부동산중개업협회는 바로 성명을 내고 맞대응 했다. 성명은 전세가 상승은 지역적 특성에 따른 수급불균형에 원인이 있으며 5개 신도시지역은 그동안 새 아파트가 계속 지어져 입주할 당시에 매매가나 전세가격이 상대적으로 낮았던 데서 기인한다고 가격폭등의 이유를 들어 반박했다.

임대주택사업자가 부도났을 때 임차인의 보증금을 보호하는 장치도 최근에야 마련됐다. 전국 임대주택 거주자를 대상으로 조사한 표본조사에서는 저소득층의 임대료 부담이 소득의 40%를 넘어설 정도로 임대사정이 악화된 것으로 밝혀졌다.

심지어 영구임대주택에 고급 외제차를 소유한 사람까지 입주하는 등 입주자의 선정에서 사후관리에 이르기까지 개선해야 할 사항이 많은 것으로 지적되고 있다.

정부와 지방자치단체는 임대료가 주변시세 대비 30% 수준인 영구임대주택, 주변시세의 70%로 최장 6년간 거주할 수 있는 서민형 임대주택인 장기안심주택 등의 표현에서 보듯 값싼 것을 장점으로 집중 부각시키곤 한다. 그러나 이는 지역주택사정이 나빠 주변시세가 오르면 공공임대주택도 따라 올릴 수 있다는 여운을 남겨 비교방법도 분양원가 등으로 기준을 바꾸는 것이 바람직해 보인다.

집 없는 사람들의 집 문제를 보다 빨리 해결하기 위해서도 주택공급에 역할분담을 명확히 할 필요가 있어야 하겠다. 임대와 분양주택사업을 함께 수행해 온 공공부문은 범위를 임대주택으로 한정시켜 저소득층의 주거복지문제 해결에 치중하는 것이다. 여기에 기업형 민간사업자의 육성, 연기금 등의 자금 활용 등은 임대주택을 하나의 산업영역으로 굳히는데 적지 않은 도움이 될 것 같다. 특히 그린벨트 등 공공성이 높은 땅에는 분양전환이 불가능한 임대주택만을 건설해 그 혜택이 여러 세대에 걸쳐 지속되도록 하는게 바람직한 방향이다.

임대주택은 분양주택처럼 주택경기를 의식할 필요가 없어 불황

때 더욱 진가를 발휘한다.

공공부문의 임대주택은 자녀가 있는 무주택 서민가구주에 최우선순위를 두어 집중 공급하되 1인 가구나 대학생층을 위한 사업은 후순위로 밀어 놓는 게 아직은 현실적인 수순일 것 같다.

선거용으로 자주 거론돼 오다시피 한 공공임대주택은 이제 막을 내려야 할 때가 됐다.

분양제도
기네스북에 도전하다

　　주택분양제도 하면 지구촌을 통틀어 이렇게 복잡한 나라가 또 있을까 하고 먼저 의문이 간다. 주택분양제도를 쉽게 알게 해주는 것으로 입주자모집공고가 있다. 주택분양을 총괄하는 '주택공급에 관한 규칙'에서 규정한 입주자모집공고는 팔려고 하는 주택에 관한 정보보다 신청자격에서 계약조건 등 분양관련 각종 규정을 망라해 싣는 바람에 광고가 아닌 공고가 되고 있다.

　　2011년 8월에 있었던 서울 강남 보금자리주택의 본 청약에는 1,000가구도 안 되는 규모이면서도 깨알 같은 글씨로 된 입주자모집공고가 신문 전면 2쪽에 빼곡히 차 있었다.

　　2012년 12월에 분양된 동탄2신도시 한 아파트의 경우 팸플릿

가운데 무려 14쪽이 모집공고로 도배돼 있었다.

과연 아파트분양이 될 때마다 그 많은 입주자모집공고 내용을 한 번이라도 읽고 신청하는 사람이 몇 명이나 될까. 주택을 파는지 제도를 파는지 착각이 들 정도로 내용이 복잡하고 많다.

선착순 위주로 불투명했던 주택분양 질서를 바로 잡기 위해 공개분양이 도입된 것은 1976년의 일이다. 이때 아파트의 분양시기는 건축 공정의 20% 이상 분양가격의 20%를 계약금, 1개월 이상의 시차를 두고 내는 60%는 중도금 등의 납부규정이 생겨났다.

누구나 신청금만 있으면 가능했던 청약이 사라지고 주택청약에 일정한 자격을 부여하는 제도가 생긴 것은 1977년의 국민주택 청약부금제가 처음이다. 1년 뒤에는 민간아파트를 대상으로 한 주택청약예금제가 서울, 부산, 대구에서 실시됐다. 민간주택에 청약부금제를 확대해 저축을 늘리고 분양에서 투기를 봉쇄한다는 취지가 제도 도입 이유였다. 1981년에는 국민주택 선매청약저축, 2007년에는 만능통장으로 불리는 주택청약종합저축이 은행 간 치열한 판매경쟁 속에 각각 태어났다.

이들 청약자격제도와 함께 아파트 분양제도는 주택경기의 부침 때 예외 없이 수선이 가해져 지금처럼 누더기가 됐다.

공개분양이 정착하기 시작한 1977년 아파트 분양광고에는 평형별 가구수, 분양가격 등 분양할 아파트와 직접 관련된 내용을 주로 실었다. 그야말로 아파트란 상품의 광고였다. 끝부분에는 기타

항목이 있었는데 이는 신청은 1세대 1가구만 허용하고 공고일 현재 해당지역에 거주하고 있는 사람이어야 하며 신청금을 예치하거나 계약서를 작성할 때는 반드시 주민등록등본 1부와 도장을 지참해야 한다는 것이 전부였다. 이밖에는 접수장소인 은행 접수창구의 혼잡을 피하기 위해 현금 대신 자기앞수표를 준비해 달라는 희망사항이 고작이었다.

이런 내용을 모두 합쳐야 분양광고는 신문 1개 면의 30% 정도 크기면 충분했다. 광고효과를 높이기 위해 아파트의 조감도나 소재지·견본주택 안내도 가운데 한두 가지를 실었다.

그러나 지금은 그 넓은 신문 전면 2쪽에도 게재할 사항이 많아 견본주택 안내도가 고작이다. 두꺼워지는 팸플릿, 넓어지는 광고, 따지고 보면 모두 결코 적지 않은 분양가 인상 요인이다.

입주자 모집공고는 아파트공급내역 및 공급금액의 납부조건에서 시작된다. 층수가 높아지고 층별 가격차가 세분화된데다 20개 항목에 달하는 신청시 유의사항이 자리 잡는다.

이어 신청자격 및 당첨자선정방법도 특별공급 신청자, 주택형별 공급가구수가 구분된 후 기관추천·다자녀·신혼부부·노부모 특별공급에 관한 사항에 이어 일반 공급에 관한 차례가 온다. 일반 공급에는 청약예금의 경우 예치금액, 순위별 자격요건, 가점제항목이 뒤따른다. 또 신청일정에 이어 특별공급 신청자격별 구비서류가 커다란 표로 작성돼 있다.

당첨자 발표와 계약일정, 계약체결항목 다음에는 발코니 확장, 마이너스옵션의 선택품목에 관한 계약내용이 차지한다.

기타항목은 세기가 어려울 정도로 내용이 많으며 주택성능등급인정 등급표, 분양가상한적용주택의 분양원가공개표도 실린다.

유의사항이라 표기한 것만 모두 더해 놓아도 무려 120개 항목이 넘는다.

'규칙' 잦은 변경으로 희비 엇갈려

처음으로 주택분양을 관장한 국민주택 공급규정은 청약저축제가 생긴 지 3개월 후에 나왔다가 1년 뒤 청약예금제의 신설을 계기로 민간부문까지 아우르는 지금의 주택공급에 관한 규칙으로 변신한다. 이 규칙이 처음 마련될 때 주택추첨의 전산화와 함께 3년간 재당첨금지조항이 신설된다. 곧이어 물량의 10%가 해외취업근로자, 노부모부양자에게 특별 분양용으로 할당된다.

청약예금제는 200만 원에서 최고 500만 원까지 100만 원 단위로 예금액 기준을 4개 유형으로 구분해 여기에 맞는 신청 면적을 세분화했지만 초기에는 500만 월(현재 서울, 부산 1,500만 원)가입자는 어느 평형이라도 신청할 수 있었다. 나중에 이의 이동이 중지되고 300만 원(현재 서울, 부산 600만 원)짜리만 85㎡ 이하까지 하향신청이 가능해진다.

국민주택 선매청약 저축제는 월 불입액 2만~10만 원, 12회 이상,

120만 원 이상 저축한 사람에게 우선 분양권을 주는 것이었지만 청약부금제와 마찰이 생겨 이미 가입된 청약부금자는 1982년까지 청약저축가입자에 우선해 분양권을 주기도 했다.

1983년 민간아파트에 채권입찰제가 도입된 후에는 청약예금 가입자 간에 무제한 돈 싸움이 벌어지는가 하면 이로 인해 해외취업 근로자 등에 할당된 특별분양의 길이 막히기도 했다.

청약예금제는 1984년에는 수도권으로, 4년 뒤에는 전국 61개 시·도 재당첨제한지역과 함께 확대돼 갔다.

주택 200만 가구 5개년 건설계획 2년째인 1989년에는 주택공급확대를 위해 주택자금융자비율을 33%로 끌어 올리는 데 21조 원의 자금이 필요하다는 판단에 따라 자금 확보방안의 하나로 주택청약예금의 대폭 인상이 불가피하다는 당정협의 결과가 흘러 나왔다. 이것이 발단이 돼 1989년 말에는 70만 명에 근접해 2배 가까이 신규 가입자가 늘어났다. 그런데 대부분은 인상 소식이 나돈 후부터 실제 적용된 3월 말까지 불과 2개월 남짓한 사이에 집중적으로 불어난 것이다.

수도권 신도시와 관련한 주택공급에 관한 규칙 개정에는 분당, 일산 현지 주민에게 10% 우선 분양, 135㎡ 초과 규모에 평당 70만 원의 채권상한액 책정, 1회 당첨자는 2순위 신청, 85㎡ 이하 50%는 무주택자 우선 분양 등의 변화가 있었다.

청약순위는 또 강화돼 135㎡ 초과 주택소유자와 청약예금에 새로 가입하는 85㎡ 초과 주택소유자는 2순위 대접을 받았으며 채권입찰제도 135㎡ 초과에서 85㎡ 초과로 대폭 확대된다.

청약예금제에서는 분양가구수와 신청할 수 있는 청약예금가입자의 비율인 청약배수제가 도입되기도 했다. 1992년에 시작해 2005년에 막을 내린 서울지역 아파트동시분양의 경우 주택경기에 따라 청약배수는 20배수에서 외환위기 직후에는 최고 400배수까지 늘어나기도 했다.

주택분양제도는 외환위기 직후에는 급속도로 규제가 풀리는 쪽으로 기울다가 2002년부터는 다시 고삐를 조이는 방향으로 돌아선다.

외환위기 때는 재당첨금지기간의 축소, 분양권전매허용, 집 두 채 이상 소유자도 청약예금 1순위 혜택, 무주택 우선분양폐지 등 수요확대를 위한 제도변화가 두드러졌으나 노무현 정부 때는 완화책이 규제책으로 바뀌어 되감기기 시작한다.

2007년에는 유명한 1·11 부동산시장 안정을 위한 제도개편방안에 따라 분양가 상한제·원가공개·채권입찰제의 확대, 전매제한 강화와 함께 청약가점제가 9월에 선을 보인다.

청약가점제는 2주택 이상 소유자는 1순위에서 제외하며 무주택자와 다자녀가구의 청약우선권이 주어진다.

이명박 정부 출범 첫해에는 신혼부부, 2009년에는 근로자 생애최초 특별분양이 각각 추가된다.

최근에도 주택공급에 관한 규칙이 개정돼 수도권 이외의 청약가능지역을 시·군에서 도(道)로 확대하며 기업도시의 아파트는 전국에서 청약이 가능하도록 광역화됐다. 또 85㎡ 이하 75%, 85㎡ 초과 50%인 수도권·민간아파트의 청약가점제 적용비율도 시·도지사가 정하도록 했다.

주택분양제도가 자주 바뀌고 복잡해지면서 부작용도 적지 않게 일어나고 있다. 수도권 1차신도시 아파트 분양에서는 20배수 적용 착오로 당첨자 288명이 재추첨되기도 했다. 이유는 간단했다. 제도가 너무 복잡해서 착오가 생긴 것이다.

2007년에는 감사원 감사에서도 2002년 분양주택우선공급제의 부활, 투기과열지구 내 2주택 이상 소유자의 1순위 박탈 등 분양제도가 바뀐 후 분양된 아파트들이 청약자의 주택소유 여부를 제대로 가리지 않고 입주자를 선정했다가 뒤늦게 적발된 경우가 대부분인 것으로 나타났다.

보금자리주택도 예외는 아니었다. 2009년 4개 시범지구 사전예약 당첨자의 청약서류 검증결과 부적격자가 795명이나 나왔다. 이들은 주택 또는 당첨된 사실이 있는 사람, 소득기준을 초과하거나 가구주기간, 또는 노부모 부양기간이 미달인 사람들이었다. 어디까지가 고의이고 어디까지가 실수인지 구별하기가 쉽지 않다.

너무 정밀하고 촘촘한 제도는 많은 행정력을 동원한다 해도 완벽한 사후관리가 불가능하다. 한편으로는 선의의 피해자를 만드는 부작용을 키울 수 있다.

자주 바뀌는 제도의 변덕은 미분양아파트가 쌓였을 때 정부가 이를 매입할 수밖에 없는 구실을 만들 수도 있다. 규제완화책이 빛을 보지 못하는 이유 중에는 또 언제 바뀌겠지 하는 불신이 잠재해 있기 때문이기도 하다.

제도의 신뢰회복을 위해서도 과감한 통·폐합 또는 단순화 작업이 이루어져야 하겠다.

4종에 달하는 주택청약관련 예금·부금·저축제도 역시 청약기준의 잦은 변경과 1,500만 명에 달하는 가입자의 적체해소난으로 빛을 바래가고 있다. 내 집 마련이라는 본연의 주택청약보다는 저금리시대의 투자상품으로 겨우 위안을 삼고 있는 실정이다.

쉽고 간단하고 오래가는 제도가 좋은 제도의 조건이 아닐까.

모델하우스 꼭 필요한가

아파트는 주택산업을 본 궤도에 오르게 하는데 결정적인 공헌을 한 공동주택이다.

높은 땅값에 택지난이 가중되면서 아파트는 단독주택이나 연립주택을 누르고 주택의 대명사로 군림한 지 오래됐다.

아파트는 앞으로도 초고층화와 함께 현대주택으로서의 진가를 더욱 발휘하겠지만 그 성장과정에서 모델하우스(견본주택)란 부산물을 남겨놓고 말았다.

아파트 건축은 진짜보다 1회용 건물인 모델하우스에서 먼저 시작된다. 지금은 보편화된 분양기준인 착공과 동시에 분양이란 말이 분양시점에 벌써 모델하우스 공사는 끝났음을 의미한다.

1970년초 주택산업의 태동과 때를 같이해 선을 보인 견본주택은 "이런 집이 새로운 집인 아파트"라는 홍보기능에 최우선순위가 놓여져 있었다.

화장실이 집 안으로 들어온데다 양변기 입식부엌 등 당시의 단독주택에서는 거의 볼 수 없는 새로운 평면의 공동주택인 아파트는 분양신청과 관계없이 일반인들의 흥미를 유발시켜 구경꾼들이 몰렸다. 아파트가 주택의 주력상품으로 떠오르면서 건설업체들이 발 빠르게 성장한 데는 모델하우스의 숨은 공로를 무시할 수 없을 것이다.

초기의 견본 주택에선 "진짜 정말로 이렇게 잘 지어줄까", "1년쯤 지나면 허문다니 너무 아깝다", "없애지 말고 그대로 사람이 살았으면 좋겠다" 등등 모델하우스의 아쉬운 일생에 대한 소리들이 오고가기도 했다.

모델하우스를 방문한 사람이면 예외없이 화려함에 반하고 말 것이다. 그래서 자기능력에 어울릴 만한 견본만 보고 가야지 큰 모델까지 모두 둘러보았다면 품질차별화에 주눅이 들어 아예 청약을 할 수 없을지도 모른다는 말까지 생겨났다. 자기 능력에 비해 크다고 느껴질 것 같으면 아예 올려다보지 말라는 것이다.

1978년 2월 주택청약예금제에 의한 아파트분양이 컴퓨터 추첨으로 바뀌기 이전에는 모델하우스는 추첨행사가 열리는 장소이기도 했다.

주택경기가 좋지 못해 일부 미달아파트가 생겼을 경우 경쟁률이 높은 모델부터 추첨을 한 후 현장에서 당첨권의 프리미엄 거래를 자극하면서 한 쪽에서는 미달분의 추가 접수를 받는 곱지 않은 미분양 판촉작전이 전개되기도 했다.

모델하우스 문을 열었을 때 떴다방이 얼마나 몰리는가는 분양실적을 미리 읽을 수 있는 예고지표가 됐다.

재벌그룹에 속하는 주택업체의 모델하우스에는 계열사가 생산하는 조그만 생활용품까지 진열되는 바람에 분양가격에 어느 것까지 포함되는지를 놓고 헷갈리게 하는 과도기적 현상마저 나타나기도 했다. 심지어는 아파트에 어울린다는 각종 가전제품까지 한데 모은 전시판매장을 갖춘 다목적용 모델하우스도 출현했다.

모델하우스가 과소비를 부추긴다는 지적이 일면서 모델하우스에는 분양가에 포함된 것만을 비치하도록 규제가 가해진 적도 없지 않다.

주택업체 사이에 모델하우스 잘 꾸미기 경쟁이 달아오르게 만든 시기로 수도권 5개 신도시건설이 본격화된 1990년대 초를 꼽을 수 있다.

1개 신도시에 여러 업체가 참여하는 동시분양에서 2개 이상 신도시 아파트의 동시분양으로 규모나 참여 업체수가 늘어나면서 기선을 잡기 위한 견본 주택 꾸미기 경쟁은 주택분양을 떠나 사세를 등에 업은 자존심을 건 싸움으로 번지기도 했다.

분양 마감 후 발표되는 분양경쟁률 순위에서 앞자리를 차지하기 위해 가구수가 적은 특정모델의 자재를 고급화하는 등의 수법을 동원해 경쟁률이 높게 나타나도록 하는 촌극도 빚어졌다.

　　모델하우스를 지을 때 철저한 보안은 물론 다른 회사의 정보를 캐기 위해 안간힘을 썼으며 심지어는 모델하우스를 개방한 후에까지 마감자재를 바꾸는 공사를 진행하는 경우도 더러 있었다.

　　수도권 5개 신도시의 아파트분양이 여러 업체, 여러 신도시가 참여하는 동시분양으로 바뀐 1990년부터는 모델하우스 부지 구득난으로 해당 지역이 아닌 곳에 모델하우스를 짓는 사례가 늘어나면서 모델하우스 관람을 포기하고 아파트의 크기와 위치, 업체명 등만을 대충 살펴보고 신청하는 현상이 나타나 내방객수와 분양경쟁률이 비례하지 않는 희비가 엇갈리는 이변도 생겨났다.

　　이 무렵 서울지역에서는 상설주택전시관이라 새로운 형태의 모델하우스가 하나둘 출현하기 시작했다. 이는 아파트분양이 있을 때는 견본주택으로 사용하고 나머지 기간에는 일반인을 위한 다목적 문화공간으로 활용해 개별업체의 이미지를 새롭게 하겠다는 취지에서였다.

　　나대지에 일반분양 위주의 아파트분양을 겨냥해 선을 보였던 모델하우스는 현재는 아파트와 오피스텔, 재개발 재건축 공사의 시공업체 선전용 또는 조합분을 뺀 일반분양용 등으로 용도가 다양해지고 대형·고급화되고 있다. 건물도 목조에서 철골조로 바뀌었다. 주택경기가 불황일 때 동시분양에서 모델하우스는 더욱 화려해지는 경향을 보인다.

분양가격 문제가 불거질 때면 견본주택이 눈총을 받기도 한다. 견본주택은 아파트분양에서 당연히 지어야 하는 준비물로 인식돼 왔으나 그 비용은 분양가에 얹혀져 곧바로 소비자에게 전가되기 마련이다.

샘플하우스의 등장

소규모 주택사업에서 견본주택은 골칫덩어리이기도 하다.

지난 1980년 주택건설 3년째를 맞은 주택사업등록업체인 삼두실업은 서울 신림동에서 5층짜리 140가구의 아파트를 분양할 때 모델하우스를 짓지 않았다.

분양공고를 낸 후 현장사무소에 이런저런 것을 쓰겠다고 주요자재 몇 가지를 전시한 게 고작이었다. 당시 회사 측은 지을 아파트 가구수가 많지 않아 모델하우스를 짓기에는 분양가격이 너무 높아져 이를 포기했다면서 그 대신 절약되는 비용만큼을 건물이 완공된 뒤에 알루미늄 새시 등으로 계약자들에게 보답하겠다고 밝혔다. 이 회사는 건물공사가 어느 정도 진척됐을 때 1층의 1가구를 골라 내장공사를 해 계약자들에게 공개했다.

공사 중인 아파트의 일부에 미리 내부공사를 끝내 모델하우스처럼 꾸민 것을 샘플하우스(구경하는 집)라고 불러 별도의 임시건축물인 모델하우스와 구별하고 있다. 샘플하우스는 단지 다른 집보다 시기적으로 앞당겨 만든 것이어서 자원낭비나 분양가 인상압력 등이 없는 게 특징이다. 또 아파트 건물에 직접 설치하기 때문에 모델하우스로서 현장 설명이 약한 지역·방향 등을 소비자가 그대로 알 수 있는 장점이 있다.

이런 유형의 샘플하우스는 건축공정 20%를 이행해야 하는 주택산업 초창기의 중소업체 주택분양에서 자주 볼 수 있었다. 또 주택경기가 나쁠 때 분양시기를 늦추는 업체들이 이를 선호했다.

그러나 주택건설지정업체를 시작으로 착공과 동시분양으로 분양제도가 바뀐 뒤에는 샘플하우스도 자취를 감췄다.

한동안 뜸했던 샘플하우스가 다시 등장한 것은 서울의 경우 아파트동시분양이 실시된 시기와 때를 같이한다.

서울시 아파트동시분양은 1992년 9월에 첫 분양이 실시된 후 2005년까지 이어졌다. 이 시기에는 서울에서도 중소업체의 주택사업이 소규모이지만 참여하는 업체가 많아 요즘과는 사정이 크게 달랐다.

동시분양에서는 중소업체를 중심으로 샘플하우스가 유행이었다. 1990년대 이후 서울지역에선 택지구득난이 심각해 물량이 많은 대기업의 재개발·재건축을 제외하곤 1개 동에 100가구 미만의 소위 외톨이아파트분양이 부쩍 늘어나면서 모델하우스 대신 샘플하우스를 선택했다.

특히 아파트 동시분양은 합동분양공고를 수반해 중소업체로서는 분양공고에서도 광고비 부담을 낮추는 원가절감 효과를 볼 수 있었다.

중소 주택업체들 가운데는 주택분양제도가 획기적으로 개선되지 않는 한 모델하우스 문제를 해결하기 위한 방안으로 대도시 인접지역에 지방자치단체와 공동으로 임대용 모델하우스단지를 건설해야 한다고 제안하는 사람도 적지 않았다.

전철 역세권이면서 도로사정이 좋은 지역에 주차장 이외에 각종 휴게·놀이시설까지 망라한다면 모델하우스단지로서의 개발효과를 충분히 볼 수 있다는 것이 제안의 배경설명이었다.

국토해양부는 2013년 2월 28개 조항의 공동주택 하자여부 판정기준을 마련해 앞으로 하자심사분쟁조정위원회 기준으로 적용한다고 발표했다. 이 가운데는 분양 받아 입주한 새집 마감재가 견본주택에 전시된 것보다 품질이 떨어지면 하자로 인정해 해당업체에 하자보수를 요구할 수 있는 항목이 포함됐다. 이는 분양시점에서 2년 정도 지나야 건물공사가 끝나기 때문에 견본주택에 설치된 자재와 입주 후 시공된 자재가 다른 경우가 많아 분쟁으로 이어지는 문제점을 보완하기 위해 취해진 것이다.

주택분양보증제도가 계약자들이 납부한 분양대금에 대한 보증이라면 모델하우스는 이렇게 지어 준다는 주택품질에 대한 또하나의 분양보증인 셈이다.

이러한 명분을 갖고 광고 선전비의 변형으로 탄생한 모델하우스는 아파트 역사와 같이 오래됐지만 건축공법이나 시설규모에서 변화가 있었을 뿐 신뢰의 벽을 아직도 넘지 못하는 상징물이 되고 있었다.

주택실적이 많거나 대형인 주택업체 중에서 첫 번째 타자로 모델하우스를 생략하거나 대안을 내놓아 주택시장에 새바람을 일으킬 업체의 출현을 기대한다면 주택산업 40여 년의 역사가 짧은 것은 아닐까.

국민주택규모 너무 크다

집의 크기는 얼마가 돼야 적당한지 따지기가 여간 어렵지 않다. 가족 구성원의 숫자 연령 취미 등 따져봐야 할 항목이 한두 가지가 아니다.

주택청약관련 예금이나 저축에 가입했지만 시간이 흐름에 따라 가족의 숫자, 연령도 달라지는 바람에 희망하는 주택의 크기를 바꾸려고 금액을 조정하거나 다른 예금이나 저축으로 옮겨가는 경우도 적지 않게 생기기 마련이다.

주택의 크기를 말할 때 가장 많이 쓰이는 국민주택규모는 전용면적 85㎡(25.7평)이하의 주택을 가리킨다. 주택법의 전신인 주택건설촉진법 시행령이 제정된 1973년에는 국민주택규모를 단독주

택은 60~85㎡, 연립주택, 아파트 등 공동주택은 40~85㎡로 상
하한 면적으로 규정했다가 1978년 법개정 때 하한선과 주택의 구
분을 없애고 일률적으로 85㎡이하로 기준을 바꿨다.

85㎡가 상한선의 기준이 된 것은 5인가족의 쾌적한 공간 확보
가 가능한데다 당시 선진국의 평균 주택크기가 80~90㎡이어서
중간선을 택했기 때문으로 알려지고 있다. 이 상한선은 세제, 주택
자금지원 등의 기준이 되고 있는데 1977년 7월 시행된 부가가치세
제는 85㎡ 이하의 분양주택을 면제 대상으로 삼았다.

1978년 2월에 도입된 주택청약예금제에서는 85㎡ 이하의 주택
을 신청할 수 있는 청약예금액이 200만 원으로 가장 낮아 국민주
택규모는 서민주택의 대명사가 됐다.

그러나 평균 가구원 수가 국민주택규모의 크기를 설정할 당시에
는 5명 이상이었으나 30년 뒤인 2005년에는 2.88명, 2010년에는
2.67명, 이렇게 3명 이하로 줄어들어 면적의 과다소비를 부추긴다
는 지적을 받고 있다. 분양가격도 10억 원을 넘는 아파트가 점차
늘어나 면적기준의 서민형 구분은 현실성이 떨어지고 있다.

1972년 당시 건설부 장관은 "서민주택 건설을 위해 주택건설법
제정을 추진하고 있다"면서 1976년까지 국민주택 10만 가구를 건
설할 계획이라고 밝힌 바 있다. 이후 국민주택은 서민주택을 가리
킬 때 자주 거론돼 왔다.

따라서 국민주택규모란 잘못 작명된 것은 아닐까. '국민주택+

규모'란 국민주택의 크기를 설명하는 합성어인 만큼 처음부터 국민주택으로 지었어도 무방했을 것 같다. 정부는 1986년부터 국민주택기금 운용계획에서 국민주택기금을 지원하는 60㎡(18.15평) 이하 주택을 국민주택으로 구분하여 국민주택규모 안에 또 하나의 주택을 독립시켰다. 그러나 60㎡ 이하라도 국민주택기금을 사용하지 않으면 국민주택이 아닌데다 소형의무화에서는 핵심인 60㎡ 이하 주택의 건축비율이 자주 오르내려 헷갈리게 한다.

국민주택규모의 크기를 줄이자는 첫 번째 움직임은 1984년 주택부문예상 정책협의회에서 있었다. 국민주택규모를 20평 이하로 하고 국민주택은 14~18평 중심에서 14평(46.28㎡) 이하로 각각 줄여 내 집 마련의 기회와 토지이용을 극대화하자는 취지였다.

2년 뒤에는 임명된 지 한 달 남짓한 건설부 장관이 주택건설촉진대책을 발표하면서 국민주택규모 상한선을 24평으로 낮추겠다고 말하기도 했다.

집값 전월세 가격이 동반 폭등한 1990년에는 민자당이 임대주택 촉진방안을 내놓으면서 국민주택 규모를 18평 이하로 축소하는 방안을 제시했다.

1991년에는 당정협의를 통해 확정된 '주택공급 확대를 위한 정책과제'에서도 역시 18평 이하로 줄이라고 했다. 그리고 민간이 짓는 주택 가운데 18평 초과 주택은 분양가를 자율화하고 소형주택 의무화 비율은 18평 이하와 18~25.7평을 각각 35%로 하자는 방안도 내놓았다.

또 1991년에 열린 제7차 경제개발 5개년 계획 심의회는 주택정책의 발전과 부동산관련 세제 개선방안으로 역시 18평을 들고 나왔다. 계획기간 중 연간 50만 가구씩 5년간 250만 가구의 주택을 짓되 70%를 18평 이하로 잡았다.

경제단체협의회도 같은 해에 '근로자주택 문제의 근본적 개선을 위한 정책 건의'를 통해 정부와 공공부문은 국민주택 규모, 민간 부문은 국민주택규모 초과로 주택공급의 이원화를 주장하면서 18평으로 국민주택규모를 축소하자고 주장했다. 이 건의는 주택정책의 실패로 주택문제가 기업에까지 전가됐지만 기업의 근로자주택 건설에는 한계가 있다는 점을 배경에 두고 나왔다.

법 개정, 주택청약제의 혼란, 세제상의 불이익 등을 들어 국민주택 규모의 크기를 하향 조정하는 문제는 제동이 걸렸다. 이후에는 잠잠해지는 듯했으나 최근 들어 크기 조정문제가 다시 고개를 들고 있다.

2010년에는 대통령소속 국가건축정책위원회가 주택공급제도의 선진화 방침에 따라 국민주택규모와 관련제도의 적정성을 검토한다는 뉴스가 나왔다.

서울시도 2012년 이 문제를 거론했다. 상한선을 85㎡에서 65㎡(19.7평)으로 내리자는 제안을 한 이유는 65㎡의 크기도 요즘 유행하는 발코니 확장 등을 통하면 실거주 면적이 79~82㎡로 불어나 3~4명이 생활하는데 충분하기 때문이었다.

85㎡까지를 국민주택규모로 하고 무주택자에게 첫 내 집 마련의 대상으로 삼아 서민형으로 취급하는 것은 높은 분양가격, 평균 가구원수의 급감 등의 상반된 추세를 감안하면 모순이 없지 않다. 그린벨트를 해제한 지역에 84㎡짜리 분양 주택까지 공급하는 보금자리주택 정책은 그린벨트의 공공성이나 무주택자에 대한 현실적인 배려 등을 감안할 때 재고돼야 할 사안임에 틀림없다.

26 평(坪)은 사라지지 않는다

부동산 분야에서 미터법 사용은 정착돼 가고 있는 것일까.

2007년 7월부터 비(非)법정계량단위 사용이 금지된 지 벌써 7년째가 됐다. 이때 법정계량단위 사용이 의무화된 것은 넓이의 ㎡, 무게의 g이었다. 면적을 나타내는 평(坪)이나 무게를 표시하는 돈을 쓰면 단속대상이 된다. 넓이는 반드시 ㎡ 단위를, 귀금속, 육류, 곡물, 과일 등의 무게는 g, ㎏으로 제한했다. 이를 사용하지 않는 업소에는 50만 원의 과태료를 부과키로 했다.

인치, 야드 등 길이의 단위도 비법정계량 단위에 속하지만 평과 돈을 우선 대상으로 삼은 것이다.

지식경제부 기술표준원은 2013년부터 비법정계량 단위에 대한 단속을 현수막, 모델하우스, 인터넷게시물, 부동산중개사무소 등에까지 확대했다.

계량단위를 미터법으로 통일시키는 것은 계량의 정확성을 쉽게 판단할 수 있어 국내는 물론 국제적인 거래에서의 편리성에 근거를 두고 있다. 그러나 일상생활에서 혼란과 불편을 느낀다면 일방적인 미터법 의무화에는 문제가 있는 것은 아닐까.

주택과 관련해 일반인들에게 친숙한 미터법 표기는 지금의 주택법 전신인 주택건설촉진법이 1972년 제정되면서 국민주택규모의 상한선을 규정한 85㎡(25.7평)일 것이다. 1978년에는 주택청약예금이 도입되면서 예금액에 따라 신청할 수 있는 주택의 크기가 4종류로 분류됐다. 그 경계를 이루는 85㎡, 102㎡(30.8평), 135㎡(40.8평)이 생겨 아파트 청약을 몇 번 해본 사람들에게는 눈에 익은 숫자가 됐을 것이다.

1983년에는 주택분양면적을 미터법으로 표기한 아파트분양이 시작됐다. 서울 반포 아파트지구에 들어설 신반포 23차 200가구와 궁전아파트 108가구가 첫 번째로 꼽히는데 신반포 23차는 소형 65.02㎡, 궁전은 대형인 132.02㎡, 165.3㎡와 131.15㎡의 크기였다.

정부는 비법정 계량단위의 사용을 금지한 후 2개월이 지난 9월에는 아파트 분양가 표시를 1㎡ 기준으로 통일하도록 했다.

이어 2009년 4월부터는 아파트 분양면적을 주거전용면적으로 바꿔 표기하되 공용면적도 별도로 표기하도록 했다. 아파트가격을 비교하려면 주거전용면적기준 ㎡당 가격을 산출해야 한다.

우선 아파트가격을 분양면적 기준 ㎡로 산출하면 평으로 했을 때보다 3분의 1 정도 숫자가 줄어든다. 이를 다시 전용면적으로 바꾸면 전용면적 비율에 따라 다소 차이가 있겠지만 우선 단위당 가격이 높아지게 된다. 그동안 일본과 우리나라의 집값을 비교할 때 일본의 집값이 비싸게 느껴지는 경우가 있는데 이는 일본이 오래 전부터 전용면적을 기준해 단위당 가격을 산출해 사용해 왔기 때문이다.

평(坪)을 쓰지 못하게 하자 곧 나타난 표현이 같은 넓이의 3.3㎡ (1평)이다. 겉만 미터법이고 속은 그대로 평에 머물러 있는 하나의 증거이다.

오랫동안 사용해 온 계량단위를 바꾸는 이유로 정확성, 편리성 등를 내세우지만 경우에 따라서는 전혀 편리하지 않을 때가 많다.

먼저 발음에서 평은 1음절인데 3.3㎡는 삼 점 삼 제 곱 미 터로 7음절로 비교가 안 된다. 한마디로 불편하다. 또 사용하기 편리해지려면 환산되는 숫자가 적게 나타나야 하는데 그렇지 못하다. 1평이 3.3058㎡ 이듯 미터법 표기의 숫자가 커진다. 숫자가 커지면 숫자가 제시하는 크기를 가름하기 더 어려워지게 된다. 반대의 경우가 됐다면 쓰기에 한결 수월해져 빠른 속도로 정착됐을 것이다.

일본의 아파트 분양광고를 보면 소비자의 이해를 돕기 위해 미터법과 척관법을 병기하는 사례가 많다.

우리의 경우는 미터법만 강요하다 보니 아파트분양과 관련해 공식적으로 노출되는 신문 공고나 팸플릿에서는 미터법 일색이다. 새 제도가 짧은 시간 내에 자리 잡은 것 같이 보일 뿐 생활주변에서는 평으로 다시 계산하는 번거로움이 여전하다.

주택법 택지개발촉진법 등 부동산 관련은 물론이고 면적을 나타내는 다른 법령이나 제도에도 33이나 66으로 시작하는 숫자가 눈에 잘 띈다. 예를 들어 33㎡는 9.9825평으로 원래 10평을 기준했음을 말해 준다.

미터법 의무화에 이은 ㎡당 아파트 가격표시, 주거전용면적 표기 등 미터법 내에서의 기준변경으로 혼란은 가중되고 있다. ㎡당 가격표시가 분양면적인지 전용면적인지도 애매모호하다. 개별 공시지가에서 토지의 단위 면적을 ㎡로 하여 가격을 공시하는 것과는 다를 수밖에 없다. 전용면적의 표기의무화에도 불구하고 주택 매매나 전월세 거래에서 계약서를 쓸 때는 분양면적을 기준으로 삼고 있는 실정이다.

미터법만을 고집하기에 앞서 평의 병용이나 각종 면적 표기의 기준 일원화를 먼저 검토했다면 보다 나은 미터법 사용이 되지 않았을까.

27 중소주택업체 설 땅이 없다

주택업처럼 다양한 크기의 업체들이 몰려 있는 업종도 아마 없을 것 같다.

공룡기업인 한국토지주택공사로부터 소위 집장사에 이르기까지 모두가 주택을 완성품으로 갖고 있다. 중소기업하면 연상되는 제조업종의 부품업체와는 사정이 크게 다르다.

주택업체를 흔히 주택건설등록업체로 부른다. 주택법에는 연간 20가구 이상의 집을 지으려면 주택건설사업자로 등록하도록 하는 규정이 있다. 이 제도는 1970년대 중반 주택건설촉진을 겨냥해 주택산업을 육성하기 위해 도입한 것이다. 당시에는 주택경기의 활황이 집장사를 주택업체로 변모하게 하거나 대기업의 주택건설 진출을 자극하는 계기가 되었다.

1978년 실시된 첫 등록에는 서울의 427개 사 등 전국에서 890
개 사가 참여했다. 이때 등록기준의 하나가 법인의 경우 자본금
2,000만 원 이상 이었다. 이들 등록업체 가운데 자본금 5억 원 이
상이거나 주택건설 실적이 있는 업체를 선발하는 주택건설지정업
자제도도 도입돼 대형 건설업체를 중심으로 46개 사가 처음으로
지정을 받았다.

등록업체의 등록기준인 최저자본금은 기업건실화를 명분으로
1980년 5,000만 원, 1985년에는 1억 원으로 증액됐다. 이어 1992
년에는 3억 원으로 증액 절차가 진행됐는데 서울의 경우 3,077개
등록업체 중 90%가 증자대상일 정도로 소형업체가 압도적으로 많
았다.

등록업체수가 절정에 달한 것은 주택건설 200만 가구 5개년건
설계획 4년째인 1991년의 일로 무려 8,869개 사에 이르러 1만 개
를 바라보고 있었다.

그러나 등록업자 제도는 부동산 경기가 나빠 연간 20가구의 주
택건설 실적을 이행하지 못했거나 주택 분양에 물의를 빚은 업체
에 대해서는 등록취소를 강행하는 바람에 3,000개 수준으로 떨어
졌던 시절도 있었다.

외환위기 이후에는 실적 미달에 대한 퇴출조항이 없어져 숫자는
계속해서 불어나게 됐다. 등록업체 수는 현재 5,000개를 상회하고

있으며 이들 대부분이 대한주택건설협회 회원을 이루고 있다.

주택건설지정업자제도는 외환위기 이후 폐지됐으나 그동안 지정을 받고 남아 있는 72개 사가 모여 한국주택협회를 이루고 있다.

연간 20가구 이상의 주택을 지을 수 있는 등록업체의 최저 자본금 3억 원은 지난 1992년에 등록 기준이 변경된 뒤 지금까지 20년간 한 번의 손질도 없이 그대로 적용되고 있다.

주택사업에서 자본금 등록기준인 3억 원은 땅값 수준이나 아파트 분양가격에 비추어 볼 때 얼마나 비현실적인 기준인지 실감할 수 있다. 업체의 난립에 따른 소비자의 피해를 미연에 방지하기 위해서라도 단계적인 자본금의 확충조치가 시급한 실정이다.

주택경기가 호황을 구가하던 1990년 자본금 기준 1억 원 시절 모 업체는 지방에서 600가구가 넘는 대규모 주택사업을 벌이면서 대형건설업체에 하청을 주었다가 부도를 내 큰 파문을 일으킨 적도 있었다.

등록업체의 등록기준이 빈약하면 주택경기에 따라 대거 진입, 대거 퇴장이 반복될 수밖에 없다. 이러한 현상은 택지매입 단계부터 경쟁을 유발시켜 땅값 상승을 부채질할 뿐 아니라 분양경쟁 가열, 미분양주택의 양산 등으로 주택시장의 질서를 문란케 해 피해가 고스란히 소비자에게로 넘어 가게 마련이다.

주택사업은 단위당 규모에서 대부분 공공부문이 앞서 한정된 주택시장에서 민간부문을 위축시킨 사례도 적지 않다.

전국에 비상계엄이 내려진 1980년에는 환율과 금리가 대폭 인상된 데다 두 차례의 석유가 인상 등 여러 요인이 겹쳐 주택경기도 지역별로 다소 차이를 둘 뿐 침체 국면을 벗어나지 못했다.

　　인천의 경우 분양가의 절반 이상을 입주 후 24개월 분할 납부 또는 후분양 조건의 고육책이 나왔고, 그런 분위기가 번지고 있는 상황에서 주택공사가 10~15평형 2,090가구를 내놓자 인천·부천 지역 민간업체들이 심한 타격을 입었다. 주공아파트는 당시로서는 적지 않은 물량인데다 아시아개발은행 차관으로 건설돼 평당 70만 원의 분양가격 중 융자비율이 50%에 달해 민간업체가 경쟁할 재간이 없었기 때문이다.

　　비슷한 예로는 최근의 보금자리주택을 들 수 있는데 그린벨트 해제지역의 경우 지역에 따라서는 분양가격이나 입지조건 면에서 민간부문을 압도해 주택시장을 싹쓸이 하다시피 했다.

　　또 민간업체끼리의 경쟁에서도 대도시의 재개발·재건축사업은 자금력이나 인지도 등에서 뚜렷하게 명암이 엇갈리고 있다.

　　분양가격에서 차지하는 택지비가 80% 이상까지 높아진 데서 알 수 있듯이 택지 확보에 선투자가 많아지는 주택사업은 중소업체에 더욱 불리할 수밖에 없다.

　　주택시장의 장기 불황으로 대형주택업체에 속하는 한국주택협회 회원 72개 업체 중에서도 2013년에 주택건설계획을 세워 놓고 있는 업체는 절반에도 못미치는 32개사에 불과하며 계획물량 또한

12만여 가구에 그치고 있다.

주택경기의 회복 못지않게 중요한 문제로는 그동안 불황의 장기화와 이에 따른 판매경쟁의 격화로 민간의 주택공급기반이 크게 위축된 점과 전월세난의 지속을 빼놓을 수 없다. 이러한 여건의 변화는 주택사업의 영역을 재설정해야 할 필요성을 제기한다.

즉 주택공급을 이원화해 공공부문은 임대전용주택, 민간부문은 분양주택을 각각 전담토록 하는 역할분담은 그동안 시장 중복으로 인한 마찰을 줄여 주택공급에 한결 탄력을 줄 것으로 기대한다.

민간부문 내에서도 중소기업 육성을 위한 시장 확보 차원에서 대기업 위주의 재개발·재건축 사업과 병행해 택지개발지구의 개발을 지속시켜 중소기업의 참여기회를 넓혀주는 상생의 정책도 기대되는 때이다.

27 생애최초주택구입자금 대출문 넓혀라

무주택자에서 유주택자로 가는 과정을 어떻게 지혜롭게 푸느냐는 주택문제에서 가장 어려운 과제 중에 하나이다. 작지만 첫 번째 내 집 마련이란 힘든 고개를 넘으면 그 다음 수순인 집을 늘려가는 것은 한결 수월해지기 때문이다. 쉽게 떠오르는 것이 작은 집에 낮은 금리의 큰 대출이다.

2001년 당정협의를 거쳐 나온 5·23 건설경기활성화 종합대책 중에는 처음으로 18평(60㎡) 이하 주택을 구입할 때 집값의 70%까지 연 6%의 금리로 주택자금을 지원한다는 내용이 포함돼 있었다. 이때는 대출상품에 이름도 없는 설명뿐이었다.

한 달 뒤 이 상품은 건설교통부의 최초주택구입자 지원책을 통해 상품의 윤곽이 잡혔고 생애최초라는 수식어가 붙어 독립상품이 된다.

이해 7월부터 생애 처음으로 집을 사는 만 20세 이상의 무주택 가구주에 집값의 70% 이내에서 최고 7,000만 원을 연말까지 한시적으로 대출하되 대상은 첫 발표 시점인 5월 23일 이후 체결된 계약까지 소급시켰다. 약 2개월이 지나서는 대출을 받을 수 있는 주택의 크기가 18평 이하에서 25.7평(85㎡) 이하로 확대됐다.

다음해 5·20 중산층·서민생활 향상대책에서 생애최초주택구입자금 대출은 상환조건을 완화해 1년 거치 19년 분할상환이던 것을 3년 거치 17년 분할상환으로 바꿨다. 또 1년이 지나서는 7,000만 원의 대출한도가 1억 원으로 증액됐다.

이 상품은 2003년 말에 판매가 중단됐다가 2년이 지난 2005년 11월 대출이 재개되면서 대출기간이 최장 20년, 한도가 1억 5,000만 원으로 각각 늘어났다.

그러나 또 자금부족으로 대출 재개 35일 만에 일시 중단됐다. 이유인즉, 인기가 높아 자금이 바닥났기 때문이다.

2006년 1월 말부터는 대출자격 요건이 강화된다. 은행평가 담보가치가 3억 원을 초과하는 주택은 대출 대상에서 제외됐다. 가구주의 연간 소득이 5,000만 원 이하였던 자격기준도 부부합산 소득 5,000만 원까지로 낮아졌다.

한 달 뒤에는 다시 손질이 기해져 연간 소득 기준이 3,000만 원

이하로 크게 내려갔다. 대출 금리는 반대로 0.5% 포인트 올라갔다. 이는 재원이 부족해 저소득층에 혜택이 집중되도록 하는 조치였으나 불과 대출 4개월 남짓하는 사이에 3번이나 대출조건이 달라질 정도로 제도 운영이 미숙했다.

그 후 또 중단됐던 이 대출은 2010년 8·29 실수요 주택거래 정상화와 서민·중산층 주거안정 지원방안을 통해 금리 5.2%, 한도 2억 원, 집값 6억 원 이하, 부부 연간소득 4,000만 원 이하의 조건으로 부활한다. 대출시한은 2011년 3월까지로 정했지만 3·22 주택거래 활성화 방안에서 연말까지로 연장했다. 그 후 12·7 주택시장 안정화 및 서민주거 안정지원 방안에 의해 기금 1조 원이 늘어나 다시 1년 더 연장된다. 이때 금리는 4.7%에서 4.2%로 인하되고 부부합산 연간소득도 4,000만 원 이하에서 5,000만 원으로 다시 높아진다.

생애최초주택구입자금 대출에 대한 이색 건의도 나왔다. 대한상공회의소는 2012년 이 대출의 지원대상을 넓혀달라는 의견서를 국회 등에 보냈다. 내용은 소득기준을 부부합산 연간소득 5,000만 원에서 8,000만 원으로 확대하며 대출금리도 4.2%인 것을 3.7%로 내려달라는 것이었다. 이 의견서에는 전월세 지원은 강화했지만 주택매입에 대한 배려가 약해 기준을 개선한다면 주택 구매수요 진작에 상당한 효과가 있을 것이라는 주장이 담겨 있었다.

이 대출금리는 2013년 들어 3.8%로 내려갔다.

주택환경을 둘러싸고 있는 변수들을 종합해 볼 때 생애최초 주택구입자금대출은 무주택자에게 평생에 한번 주어진 기회를 최대한 활용할 수 있게 하는 제도로 육성해 가는 게 바람직하다. 내 집 마련의 첫 번째 징검다리가 되도록 과거와 같은 대출중단, 자격기준 강화 등의 불안에서 벗어나 개개인의 장기 주택마련 계획과 어울릴 수 있도록 장수 정책 상품으로 다듬어가는 지혜가 필요하다 하겠다.

대상주택을 18평 이하로 조정하고 연간 소득기준과 정책 금리를 각각 낮춰 첫 내 집 마련 단계를 집중 지원하는 장치가 바람직해 보인다.

29 비관론에 갇힌 주택시장

주택경기를 죽이기는 쉬워도 살리긴 여간 어렵지 않은 것 같다. 경기를 식힐 때 감았던 규제책을 역순으로 되풀어 줘도 옛날로 돌아가지 않는다는 경험은 한두 번이 아니다. 그동안 주택을 둘러싸고 있는 여건이 달라져 같은 처방을 해도 약효가 다르게 나타나는 것이다.

집값이 오를 때면 별난 것도 호재로 분류되는 것처럼 집값이 내리막길을 달릴 때는 엉뚱한 것도 악재로 간주되기도 한다.

현재 주택시장은 전국이 모두 불황권에 빠진 것은 아니다. 수도권과 수도권 밖에 커다란 대조를 보이고 있는 형국이다. 또 수도권 밖도 지역에 따라 사정이 크게 달라지고 있다.

그동안 전국의 집값 전세가격 변화에 주도권을 쥐고 있던 수도권, 특히 서울지역은 2010년을 분기점으로 수도권밖으로 바통을 넘겨 주었다. 집값이나 전세가격 상승률에서 서울이 전국 평균에 갈수록 크게 뒤지고 있기 때문이다. 수도권에서는 지난 2006년 이후 시세가 좋을 때와 비교해 바람직하지 않은 '반값 아파트'에 접근하는 사례도 적지 않아 주택경기 침체가 낳은 유형 하나를 읽을 수 있다.

같은 수도권의 극한 불황이 언론매체에 따라서는 전국적인 현상같이 비치기도 한다. 면적 비율 12%인 수도권은 인구를 기준할 때 거의 절반을 차지하는 좁지만 큰 시장이다.

주택거래의 부진이 장기화 될 것 같다는 이유로 곧잘 들먹이고 있는 것이 저출산과 고령화이다. 극히 낮은 출산율과 급속한 고령화가 주택수요의 감퇴는 물론 장기적으로 경세성장률을 둔화시키는 원인으로 작용하고 있다는 것이다.

2006년 집값이 큰 폭으로 치솟았을 때 크게 늘어난 가계대출이 불황 속에 집값하락과 겹쳐 하우스푸어, 깡통주택 등 경기가 좋을 때는 들어보지 못했던 말들이 유행하고 있다. 6억 원 이상 고가주택의 주택담보대출 54%가 50대이며 이들의 가계부채가 8년 사이에 170%나 늘어났다는 어두운 소식도 들린다. 여기에는 베이비붐 세대가 은퇴하면서 주택담보대출을 받아 창업한 사람들이 많이 늘어난 데서 비롯됐다는 설명이 따른다. 주택담보대출이 짐이 되면서 소비위축으로 이어져 경제성장의 발목을 잡아 경기침체가 장기화되지 않느냐는 우울한 전망도 나오고 있다.

18대 대선에서도 가계부채, 하우스푸어 등의 대책을 대선주자들이 모두 공약으로 내세워 주택문제가 안고 있는 고민을 대신 말해 주고 있다.

구매력이 약한 1인 가구의 급증, 14~64세 생산연령 인구의 감소 등을 들어 일본과 같은 주택시장의 장기침체 가능성을 우려하는 전망도 불황이유 쪽에 가세하고 있다.

2012년 말에 나온 통계청이 1인 가구 현황과 특성자료는 1인 가구가 453만 9,000가구로 네 집 중 한 집 꼴인 전체의 25.3%를 차지해 2000년의 15.5%에 비해 빠른 속도로 늘어나고 있음을 보여줬다. 이유로는 고령화와 핵가족화, 만혼현상 등이 겹쳤기 때문으로 풀이하고 있다.

한국은행도 수도권 집값이 더 떨어질 수 있다고 전망했다. 한은은 2012년 11월 금융안정보고서를 통해 심리적인 위축, 주택수요층의 인구감소, 수도권 2기 신도시 아파트와 보금자리주택의 대거 입주, 세종시와 혁신도시로의 인구이동 등이 수도권 부동산 경기에 부정적인 영향을 미칠 것이라고 내다보았다. 또 주택가격이 떨어지면 주택담보가치도 떨어지고 주택담보대출 비율 한계를 넘어서면 집값이 또 떨어지는 악순환이 일어난다는 것이다.

수도권의 장기불황을 비롯해 주택문제는 한결같이 비관적인 면만 부각되고 있다. 심지어는 인구감소가 일어날 것으로 예상된다는 20년 후의 우려까지 이 대열에 동원되고 있다. 1년 후의 집값 전망도 맞히지 못하면서 20년후를 점치는 것은 너무 비약된 기우에 불과하다. 소형주택에 눌려 중대형주택의 인기는 완전히 시들어 버릴 것 같은 분위기이다.

일본 부동산 경기의 장기침체는 집값하락의 견인차 역할을 한 땅값하락에서 기인되는 만큼 우리나라와 주택가격만 비교하는 것으론 설득력이 약하다. 일본의 땅값은 지방 평균치가 1993년 떨어진 후 하락세가 계속 이어지고 있다. 반면 우리나라는 2008년의 하락을 제외하고는 외환위기 이후 땅값이 소폭이나마 오름세를 지속하고 있어 집값하락의 방어 기능이 어느 정도 살아있다고 보아야 타당할 것이다.

또 전월세 가격이 계속 올라 주택공급 과잉이 주택가격 하락의 이유라는 주장과는 앞뒤가 맞지 않는다. 집값만 끄집어 보면 공급과잉현상처럼 착각할 수 있지만 전월세 사정을 보면 주택이 많이 모자라는 것을 알 수 있다.

주택거래 부진과 집값 하락의 원인으로 전월세를 고집하는 최근의 추세를 지적하는 경우는 있는데 이는 한 번의 거래가 연이어 거래를 파생시키는 주택거래의 특성을 무시하는데 지나지 않는다.

집값과 전월세 가격의 동반하락이라면 공급과잉이 답이 될 수 있으나 이러한 동반하락은 1998년 외환위기 때 한 번 밖에 나타나지 않았다.

어쩌면 2006년 수도권에서 일어난 집값 두 자릿수의 상승이 가져온 데에 원인이 있지는 않을까. 산이 높으면 계곡이 깊다는 말이 더 어울릴 것 같다.

여기에 2008년의 글로벌 금융위기, 2011년 부터의 유럽위기 등 해외로부터의 충격이 겹쳐 경제전반이 위축되는 바람에 이미 덩치가 커진 주택 가격의 상승 가능성을 어둡게 만든 것은 아닐까. 부동산 외적 요인이 더 크게 작용하고 있다는 것이다.

1인 가구의 증가가 주택경기 회복에 악재로 작용한다는 분석도 타당성이 적은 것으로 보여진다. 이혼, 만혼 등의 1인 가구 증가요인 이외도 인구고령화에 따른 독거노인수의 증가가 거론되지만 이는 평균수명연장으로 인한 주택수요기간을 늘리는 효과로도 볼 수 있다. 세종시 혁신도시로의 정부부처, 공공기관 강제이전은 행정·경영의 효율성을 제쳐놓고 그렇지 않아도 증가 추세에 있는 기러기가족, 주말부부 등의 용도로 하는 주택을 오랫동안 더 필요하게 만들 수밖에 없을 것 같다.

결단의 해 2013년

　주택시장이 가라앉아 있다. 특히 서울을 비롯한 수도권은 위기 상황이다. 부동산중개업소의 숫자를 제한하자는 쿼터제 소리도 처음 나와 주택거래가 어느 정도로 위축됐는지를 대신 설명해 주고 있다.

　2013년 들어 취득세 감면혜택기간이 또 연장됐지만 거래에 미치는 효험은 예전만 못하다. 취득세만으로 시장을 살리기에는 역부족이다.

　시한부 감면혜택을 주는 대책이 항상 그러하듯 감면기간 내로 앞당겨진 거래가 있을 수밖에 없어 나중에 똑같은 처방을 해도 약효가 떨어진다. 원상복구 됐을 때의 거래단절과 잦은 손질로 인한 불신까지 따진다면 감면조치도 자주 쓸 만한 게 못된다.

경제가 나쁘면 주택시장도 예외에서 벗어날 수 없다. 과거 주택보급률이 크게 낮았을 때처럼 무풍지대로 대우받기는 여건이 크게 달라졌다.

절대가격 또한 높아져 외풍을 많이 타게 된 것도 하나의 이유가 될 수 있다.

경제사정이 그렇기 때문에 주택시장 정상화를 위한 나름대로의 노력이 더욱 절실한 때이다. 주택건설이 외환위기 때 일자리 창출과 내수경기 회복을 위한 견인차로 활용된 것을 상기할 필요가 있는 대목이다.

시장의 핵심기능은 거래에 있다. 단절되다시피 한 거래로 인해 빚어진 주택문제는 경제문제를 떠나 사회문제로까지 비화돼 예기치 못한 파장을 일으키기도 한다.

해법은 주택경기침체가 낳은 여러 갈래의 후유증 하나하나에 매달려 찾기보다 큰 틀을 바꾸는 게 지름길이 될 수 있다.

규제완화나 개선을 제도의 정상화가 아닌 부양책으로 직결시켜 보는 시각에는 무리가 따른다.

인위적인 색채가 짙은 장벽을 걷어내는 것은 제도의 순수성을 찾는 길이기도 하다.

주택경기의 정상화를 위한 공은 오래전에 이미 정부를 떠나 있는 형국이다. 열쇠는 국회가 쥐고 있다 해도 지나치지 않을 것 같다.

이 책을 쓰면서 각 부문에서 거론된 사항을 발췌해 정리하면 개별처방이지만 큰 축에 들 수 있는 몇 가지가 걸러진다.

먼저 주택공급체계를 이원화하는 방안을 꼽을 수 있다. 주택시장에서는 한국토지주택공사가 대표하는 공공부문과 민간부문이 경쟁을 한다. 또 민간부문에서는 대기업과 중소기업이 각축을 벌인다.

최근 공공부문 서민주택의 대명사가 된 보금자리주택은 물량을 연간 전체 공급계획량의 절반수준인 20만 가구까지 늘리는 물량공세로 인해 민간주택 시장이 초토화되기도 했다.

여기에 2008년 이후 계속되고 있는 주택경기침체로 붕괴되다시피 한 민간의 공급기반을 회복시키기 위해서는 공공부문이 임대전용주택을 전담하고 민간부문이 단기임대주택과 분양주택을 맡는 시장분할이 불가피한 상황이다. 그동안 공공부문이 맡아왔던 서민형 주택은 민간이 짓는 주택의 일부에 생애최초주택 구입자금을 접목시키는 방법으로 공공기능을 부여하면 공급에 큰 무리가 없을 것 같다.

특히 갈수록 악화되고 있는 전월세 문제와 부의 양극화의 해소방안으로 임대전용주택의 공급확대는 시간을 다투는 공공부문의 시급한 과제가 아닐 수 없다.

둘째는 분양가상한제의 폐지와 택지가격에 대한 정부의 관심제고이다. 분양가상한제는 이명박 정부 초기부터 폐기를 추진해 온 장기과제이지만 번번이 국회의 문턱에서 좌절됐었다. 분양가상한제는 대도시지역에서의 주택공급에 타격을 주어 지난 1980년대와 같은 주택수급 불균형을 가속화하고 있다.

그러나 상한제가 치솟는 분양가를 잡기 위해 두 차례나 도입된 과거의 경험을 교훈 삼아 상한제 폐지가 주택품질 제고보다 땅값 상승으로의 영향으로 먼저 가지 않도록 땅에 대한 정부의 세심한 관찰과 함께 보완장치가 필요하다.

셋째 다주택 양도세 중과 폐지도 오래된 숙제였다. 다주택 양도세감면도 취득세와 마찬가지로 불경기 때 주택거래 활성화를 위해 자주 써온 수단이다.

이는 부자감세란 국민정서와 상충되지만 임대주택의 주축인 전월세 물량이 다주택자로부터 대부분 공급되고 있다는 현실을 염두에 둔다면 양도세 부담 완화는 임대주택시장을 키우는 효과도 거둘 수 있겠다.

간신히 절반을 넘고 있는 자가 보유율이 다주택자의 기여를 새삼 인식케 하는 지표로 볼 수 있는 것도 이 때문이다.

따라서 적어도 체증식 양도세 부과방식을 바꿔 보유 주택수와 관계없이 주택마다 단일 세율로 기준을 일원화하는 방안이 바람직해 보인다.

넷째는 취득세율의 인하 등 주택관련 세제의 개선이다. 주택은 오래전부터 세금 덩어리로 여겨져 왔다. 취득세뿐만 아니다. 주택의 보유와 거래와 직접 관련이 있는 보유·거래세는 물론 조세부문까지 종합적으로 개선해 주택거래의 장애요인을 제거하는 큰 틀의 개선이 불가피한 분야이다.

등록세가 취득세로 흡수되기 전 세율이 3%에서 2%로 낮아졌을 뿐 취득세는 실제거래가격으로 과표가 현실화된 이후 어떤 손질도 가해지지 않고 시한부감면이란 수준을 벗어나지 못하고 있다.

마지막은 주택분양제도의 단순화 작업이다. 갈수록 복잡해지고 자주 바뀌는 분양제도는 주택수급 쌍방에 모두 걸림돌이 되고 있다. 이는 많은 인력을 투입한다 해도 완벽한 제도 관리가 현실적으로 불가능할 뿐 아니라 제도의 불신을 가져오게 하는 부작용을 만들기도 한다. 소비자 보호 장치를 제외하곤 대부분 재검토대상에 넣어야 한다.

1977년 처음 도입된 후 4개로 불어난 주택청약관련 예금·저축·부금제도는 실패한 작품에 가깝다. 청약가점제는 물론 채권입찰제 전매제한도 함께 대수술을 요한다.

신도시아파트의 경우 지금까지 해 온 분양순서를 바꿔 아파트보다 입주업체나 단체 등을 먼저 선정한 후 이들의 임직원들에게 분양우선권을 주는 직주근접기능을 높이는 방법도 하나의 개선사항이 될 수 있을 것 같다.

온고지신(溫故知新)

부동산이야기

초판 1쇄 펴낸 날 2013년 3월 10일

지은이 장지웅
펴낸이 은보람
펴낸곳 도서출판 달과소
출판등록 2010년 6월 21일 제2010-000054호
주소 우) 140-902 서울시 용산구 후암동 403-15
전화 02-752-1895 | **팩스** 02-752-1896
전자우편 book@dalgwaso.com
홈페이지 www.dalgwaso.com
찍은곳 한빛인쇄

정가 12,000원
ISBN 978-89-91223-51-6 [13320]